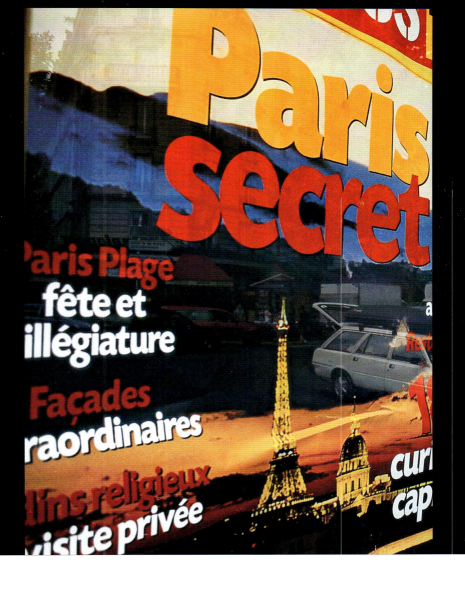

Paris

Die Stadt der Lichter

KARL ■ MÜLLER

1 Stadt der Lichter, Stadt der Geheimnisse. Die Pariser Dialektik erklärt sich von selbst: Paris ist Paris.

2-3 Die gargouilles von Notre-Dame wachen über die Stadt.

4-5 Paris 1925: Die fin de siècle-Mode wird von den Schönen bei einer Modenschau in einer Strasse im Zentrum vorgeführt.

6-7 Einstellen der Uhr am Hôtel de Ville.

Text
Guy Pierre Bennet

Herstellung
Valeria Manferto De Fabianis

Grafische Gestaltung
Clara Zanotti
Patrizia Balocco Lovisetti

Layout
Clara Zanotti

Redaktionsassistenten
Giada Francia
Federica Romagnoli
Enrico Lavagno

7 LINKS Café in Montmartre. In den historischen Stadtvierteln hat die Nostalgie der Vergangenheit überhaupt nichts Gekünsteltes. Jeder weiss, dass in Paris das Erlesene und die Eleganz absolut natürlich sind.

7 RECHTS Brunnen auf dem Place Stravinsky in Beaubourg. Als Bestätigung für den zeitlosen Pariser Charme stehen die schwindelerregende Geradlinigkeit der Gotik und die zügellose, strahlende Fantasie der Werke von Niki de Saint Phalle und Jean Tinguely sich unvermittelt im Pariser Stadtzentrum gegenüber, nur einen Katzensprung entfernt von der Ile de la Cité.

INHALT

Vorwort	8	Das Paris der Trödler	200
Paris im Laufe der Jahrhunderte	16	Die Stadt der Freude	208
Die Bauten von Paris	70	Das Paris der Feinschmecker	210
Architektur und Stil einer Weltstadt	72	Das luxuriöse Paris	240
Paris ist ein Abenteuer	150	Zwischen Licht und Schatten	256
Jedem seine eigene Entdeckung	152	Das Erwachen der Lichterstadt	258

© 2004 White Star S.r.l.
Via Candido Sassone, 22/24
13100 Vercelli, Italia
www.whitestar.it

2004 Herausgegeben in Deutschland von
Verlag Karl Müller GmbH, Köln
www.karl-mueller-verlag.de

Übersetzung:
Susanne Tauch

Alle Rechte vorbehalten. Kein Teil des Werkes darf in irgendeiner Form (durch Fotokopie, Mikrofilm oder ein ähnliches Verfahren) ohne die schriftliche Genehmigung des Verlages reproduziert oder unter Verwendung elektronischer Systeme verarbeitet, vervielfältigt oder verbreitet werden.

ISBN 3-89893-249-4

Gedruckt in China
Lithos: Fotomec, Turin und Chiaroscuro, Turin

9 Werbeplakat von Edmond Marie Petitjean aus dem Jahr 1900. Mit einem Paukenschlag begann in Paris die Belle Époque, aktuell wie das Heute und das Morgen.

10-11 Der soeben gefallene Regen, der Eiffelturm und eine leidenschaftliche Umarmung sind die klassischen Zutaten für Paris in der Vorstellung der Menschen, aber auch in der Realität fehlen sie nicht.

12-13 Abends strahlt Paris einen fast überirdischen Charme aus. Im Bild unten der 1804 eingeweihte Pont des Arts, der ersten Brücke der Stadt, die aus Gusseisen errichtet wurde. Oben konkurrieren der Invalidendom und der Eiffelturm um Glanz und Schönheit.

14-15 Das Moulin Rouge in Montmartre: an keinem Ort der Welt ist der legendäre Ruf dieses Nachtclubs unbekannt.

VORWORT

FASZINIERENDE STADT DER LICHTER

Paris weckte zu allen Zeiten Wünsche, erregte Aufmerksamkeit und stand im Zentrum des Strebens nach Geltung und Macht. Paris ist auch eine einzigartige Stadt voller Bilder und Emotionen, ein Symbol für die Kunst, zu leben und lieben. Eine Stadt, wo Töne, Farben, Düfte und Erinnerungen wiederhallen, sich manchmal vermischen und nicht selten miteinander streiten. Paris, die Stadt der Illusionen, des Lachens und der Tränen ist für jeden von uns anders, je nachdem wie viel von uns selbst wir dort gelassen haben.

Dieses Buch stellt keineswegs ein fotografisches Inventar der üblichen „geheiligten Orte" dar. Nein, dazu wurde Paris schon zu oft fotografiert. Und es ist auch keine Stadt, die sich Besuchern auf den ersten Blick preisgibt. Nur wer Paris mit den Blicken der Verliebten betrachtet, kann die Seele dieser Stadt ergründen, kann entdecken, dass es hinter den Kulissen Dinge gibt, die tiefere Gefühle auslösen.

Auch für Kenner und Genießer in vieler Hinsicht erhellend, lädt dieses Buch zu einer zeitlosen Reise in die gemeinsame Erinnerung ein, zu ästhetischen Abenteuern und persönlichen Empfindungen in der Stadt des Lichts. Mit Eindrücken aus dem Herzen und Bauch porträtiert es in Text und Bild die spannende Entstehungsgeschichte und Wesensart der heutigen Metropole mit über drei Millionen Einwohnern. Es zeigt ein intimes Paris, aber kein geheimes, ein glitzerndes Paris, aber kein vulgäres, ein spektakuläres Paris, aber kein gekünsteltes, ein gefühlvolles Paris, aber kein zuckersüßes.

Paris legt für uns seine übliche dekorative Pose ab und zeigt sich so, wie es wirklich ist: Als eine einmalige Stadt, wie ein Leuchtturm, umweht vom Hauch der Inspiration, des Geistes und des Gefühls. Und um dies zu erkennen, muss man Paris mit den Augen betrachten, aber mit dem Herzen sehen.

Suchen Sie in diesem Buch nicht nach etwas, das es nicht enthält. Es gibt den Besuchern dieser Stadt keine praktischen Informationen; es enthält weder die Öffnungszeiten der Museen, noch eine Liste der „Top"-Sehenswürdigkeiten. Es empfiehlt auch keine „In"-Lokale und macht keine Vorschläge für Stadtrundgänge. Statt dessen präsentiert es verführerische Plätze und Worte und hebt die einfach unvergleichlich pariserische Atmosphäre hervor.

Es zeigt uns ein Paris, das aus Augenblicken besteht, die der dahineilenden Zeit entrissen wurden, ein Paris, wo man Freude und Schönheit finden kann.

PARIS IM LAUFE DER JAHRHUNDERTE

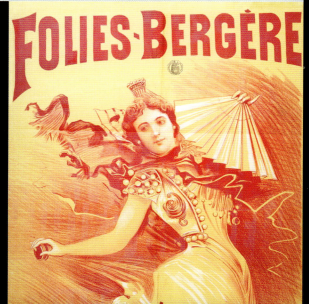

DIE URSPRÜNGE

16 VON LINKS NACH RECHTS LUDWIG XIV., DER SONNENKÖNIG, AUF EINEM PORTRÄT VON HYACINTHE RIGAUD AUS DEM JAHR 1701; NAPOLÉON BONAPARTE BEIM BESUCH DES LOUVRE 1805; WERBEPLAKAT DES THÉATRE DES FOLIES BERGÈRES, DES ÄLTESTEN VARIETÉS VON PARIS; JUNI 1939: PARADE DER WEHRMACHT AUF DEN CHAMPS-ELYSÉES ZU FÜSSEN DES ARC DE TRIOMPHE.

17 AUF DEM MARSFELD ENTSTAND EIN NEUES PARIS MIT DEM EIFFELTURM ALS SYMBOL DER GRÖSSE. DAS KURZ VOR DER WELTAUSSTELLUNG 1889 VOLLENDETE BAUWERK, DAS ZU DEN PAVILLONS GEHÖRTE, IST DREIHUNDERT METER HOCH UND BESTEHT AUS ACHTTAUSEND TONNEN STAHL.

18 52 V. CHR. RIEF VERCINGETORIX DIE GALLIER ZUM AUFSTAND AUF. DIE PARISER SCHLOSSEN SICH DER REVOLTE GEGEN CÄSAR AN, ABER VERCINGETORIX VERLOR DIE SCHLACHT BEI ALESIA UND WURDE VON DEN RÖMERN HINGERICHTET.

19 OBEN DER ERSTE PLAN VON PARIS STAMMT AUS DEM 3. JAHRHUNDERT V. CHR., ZU BEGINN DER RÖMISCHEN BESETZUNG. MAN SIEHT HIER DIE UMGEBUNG, WO NACH UND NACH DIE STADT ENTSTAND.

19 UNTEN DIE ERSTEN VON DEN PARISERN VERWENDETEN GOLDMÜNZEN REICHEN BIS ZUM ENDE DES 2. JAHRHUNDERTS V. CHR. ZURÜCK.

Die Stadt Paris ist sehr eng mit der Seine verbunden, die ihr Gesicht und ihren Lebensstil prägte. Das Lutetia der Gallier entstand wegen der strategisch günstigen Lage auf der Ile de la Cité, inmitten des großen Flusses. Die Seine, damals breiter und tiefer als heute, war übersät mit Inselchen, die inzwischen größtenteils verschwunden sind. Man hatte sie nach und nach mit dem Ufer oder auch untereinander verbunden, um stabiles, bebaubares Terrain zu gewinnen. Die Seine und ihre Nebenflüsse sind Verkehrsadern. Sie ermöglichen die wirtschaftliche Entwicklung der Stadt seit der Frühgeschichte. Im Zuge der Bauarbeiten des neuen Viertels von Bercy förderten Schaufelbagger jüngst Einbäume aus Eichenholz zutage, die über fünftausend Jahre alt sind!

Paris war glücklicherweise auf einer Fläche aus Sedimentgestein entstanden. So konnten die Bewohner aus dem eigenen Boden Kalk, Steine, Ton und Sand entnehmen, um Häuser, Brücken und Monumente zu errichten.

Aber ganz sicher hatten die damaligen Pariser keine Vorstellung davon, was aus ihrem mehr schlecht als recht erbauten Dorf werden würde, das einst zwischen gesundheitsschädlichen Sümpfen lag und regelmäßig von den Hochwassern der Seine überflutet wurde.

Weiß man eigentlich, wenn man von der Vergangenheit spricht, wann Lutetia den Namen Paris erhielt? Nein, ein offizielles Datum gibt es nicht. Man vermutet – aber dafür gibt es keinerlei Beweise – dass dieser Zeitpunkt zwischen dem fünften und sechsten Jahrhundert liegt. Nicht einmal die Herkunft des ursprünglichen Namens ist bekannt, der erstmals in Cäsars *De bello Gallico* auftauchte. *Lutetia* ging 53 v. Chr. in die Geschichte ein, als sich der römische Diktator Cäsar anschickte, Europa zu erobern und sich dort die Versammlung der Gallier traf. Im darauf folgenden Jahr schlossen die Bewohner Lutetias eine Allianz mit Vercingetorix – dem ersten von vielen französischen Nationalhelden –, der dann bei Alesia unterlag und verurteilt wurde.

Drei Jahrhunderte lang hielten die Römer Paris besetzt, was jedoch im Grunde kein Übel sein sollte. Die Reichsgründer und ihre römischen Architekten wurden nicht müde, dieses bescheidene Dorf zu „zivilisieren". Sie errichteten Märkte, Tempel, öffentliche Badeanstalten, Brücken, bequeme Wohnhäuser, eine Arena, einen Aquädukt und ein geradliniges Straßennetz, das die Viertel begrenzte; all dies nach den strengen Bauplänen ihrer Militärlager. Die ersten Straßen von Paris waren tatsächlich der *cardon*, heute die Rue Saint-Jacques, welcher die Stadt in nord-südlicher Richtung teilt und nach Orléans führt, und der *decumanus*, die heutige Rue Saint-Martin. Er durchquert die Stadt von West nach Ost, führt über die Seine und endet in Soisson.

Lutetia hatte damals etwa achttausend Einwohner.

20 Die heilige Genoveva hielt die Hunnen von Paris fern. Heute ist sie die Schutzheilige der Hauptstadt.

21 OBEN Nach dem Tod von Chlodwig im Jahr 511 teilten sich seine vier Söhne das Königreich der Franken. Theoderich I ließ sich in Metz nieder, Chlothar in Soisson, Chlodomer in Orléans und Childbert wurde König in Paris.

21 UNTEN Der Maler des 14. Jahrhunderts, Taddeo Gaddi, schuf den jungen Heiligen Eligius mit Heiligenschein bei der Arbeit in einer Goldschmiede, flankiert von zwei Münzbeauftragten des Hofes. Eligius von Noyon lebte im siebten Jahrhundert und war Goldschmied von Clothar II. und Dagobert I. Im Jahr 639 wurde er Bischof und bekehrte in dieser Eigenschaft die unbeugsamen Germanen zum Christentum.

KAROLINGER UND KAPETINGER

Es dauerte also drei Jahrhunderte bis Paris in Schönheit wiedererwachte, eine lange Zeit, die sich bis zu den Barbareninvasionen hinzog. Die ersten Eroberer, die sich für die Stadt interessierten, waren die Hunnen unter König Etzel. Gleichzeitig erschien Geneviève, eine reiche Grundbesitzerin, die in Nanterre beheimatet war, ihre Jungfräulichkeit Gott geweiht hatte und durch viele Wunder berühmt werden sollte. Das Volk verehrte sie für ihre Wundertaten bis zu ihrem Tod. Um das Jahr 451, als Etzel sich in der Gegend um Paris aufhielt, rüttelte Geneviève dort die Massen auf und brachte die Einwohner dazu, sich zu verteidigen. Der zurückgeschlagene Hunne wandte sich schließlich gen Orléans. Geneviève, zur Heiligen erhoben, ist heute die Schutzpatronin von Paris. Eines der belebtesten Viertel der Hauptstadt trägt ihren Namen, ein kleiner Hügel, den die Pariser *Montagne Sainte-Geneviève* nennen. Dies ist eine Hommage an eine Frau, die laut zeitgenössischer Chroniken fast einen Meter achtzig groß war und die Schultern eines Möbelpackers hatte! Auch hielt dank Geneviève das Christentum in der Stadt Einzug und die ersten Kirchen entstanden – häufig aus römischen Tempeln. Wie die Römer hatten die Pariser immer einen ausgeprägten Sinn für Tradition. Zu Beginn des sechsten Jahrhunderts war Chlodwig König von Frankreich. Er vertrieb die letzten Repräsentanten der römischen Macht bei Soisson und schlug einem Soldaten mit einem Hieb den Kopf ab. Dieser hatte sich erdreistet, eine Vase zu zerbrechen, die dem König gefiel. Kurioserweise ist dies eine der berühmtesten Anekdoten der französischen Geschichte! Im Jahr 508 ließ Chlodwig sich in Paris nieder und machte es zur Hauptstadt eines Reiches mit Grenzen, die – je nach Kriegsausgang – wechselhaft und veränderlich waren. Die Zeit der Merowinger begann und die Zahl der Kirchen in der Stadt nahm zu. Die berühmteste kleine Kirche auf der Ile de la Cité war Saint-Etienne geweiht und wurde im elften Jahrhundert zur Kathedrale Notre-Dame. Gleichzeitig entstanden auch die Kirchen Saint-Germain-des-Prés und Saint-Denis. Mehrmals dem Erdboden gleichgemacht, wurden sie in der bewegten Stadtgeschichte immer wieder aufgebaut.

Paris wuchs, vor allem politisch, unter dem Einfluss der Söhne und Nachfolger von Chlodwig, Childebert und besonders Chlothar I., der Paris 561 zur freien Stadt erklärte, das heißt, dass kein Thronanwärter sie betreten durfte. Doch das eigentliche Wachstum war wirtschaftlicher Natur und dies dank der Führung des tapferen Heiligen Eligius, der zu Beginn des siebten Jahrhunderts die Goldschmiedekunst förderte. Paris entwickelte sich zum europäischen Zentrum der Herstellung von Goldmünzen, die sich nicht nur in ganz Gallien verbreiteten, sondern auch in den Niederlanden, England, Deutschland und auf der Iberischen Halbinsel. Die Stadt wirkte wie ein Magnet auf Fremde, die bereits zu den ersten Handelsmessen hierher kamen. Sie gelangte zu einem Ruhm, der ihr bis heute wie eine zweite Haut (natürlich aus Seide) anhaftet: das Renommé der luxuriösen Hauptstadt. Die wertvollen Stoffe, das Glas, die Keramiken, der Schmuck, die Gewürze, ja sogar die gemeißelten Sarkophage, eben alles Pariserische, lockte Händler aus aller Welt an, sogar aus dem fernen Judäa und Syrien. Der Markt von Palu direkt am Ende der Petit Pont wurde zum Warenumschlagsplatz dieser Zeit. In Paris lebten damals 20.000 Einwohner.

20 | PARIS IM LAUFE DER JAHRHUNDERTE

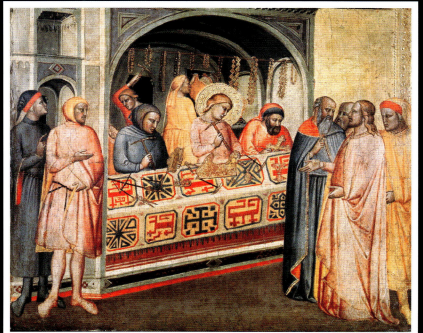

22-23 Im Jahr 886 griffen die normannischen Invasoren Paris an und versuchten durch den Turm der Grand Pont in die Stadt einzudringen. Otto, der 888 zum König gekrönt wurde, schlug sie zurück.

23 Hugo Capet wurde 988 gekrönt. Mit ihm begann die dritte Königsdynastie in Frankreich, die der Kapetinger, die bis 1328 herrschen sollten.

DAS CHRISTLICHE PARIS: HEILIGE UND KÖNIGE

Leider war der heilige Eligius nicht unsterblich, ebenso wenig wie das Reich der Merowinger. Anfang des achten Jahrhunderts wurde es von der Herrschaft der Karolinger abgelöst. Es folgte ein Stamm brillanter Könige, die jedoch Paris nicht mit derselben Leidenschaft erfüllten wie ihre Vorgänger. Karlmann verlegte seine Hauptstadt nach Rom. Karl Martell und Pippin der Kleine in Aix-la-Chapelle beschränkten sich auf sporadische Besuche in Paris. Aber dennoch beschlossen beide, sich in der herrlichen Abtei Saint-Denis beisetzen zu lassen.

Kurz gesagt: Nachdem seine Könige Paris verlassen hatten, folgte der Niedergang. Die Münzer prägten andernorts, Messen wurden seltener, Juden und Syrer wanderten an das andere Rheinufer ab. Paris jedoch beschloss, in neuem Licht zu glänzen und konzentrierte sich auf Kunst und Kultur. Remi d`Auxerre, einer der großen Literaten der damaligen Zeit, gründete die erste, jemals erwähnte Schule, die wahrscheinlich am Platz der heutigen Sorbonne stand.

Aber Paris war nicht mehr Paris, sondern nur eine Stadt der schönen Überreste. Schön genug allerdings, um die Begierde der Gierigen zu entfachen, vor allem die der Teutonen, die wie Schakale um die Hauptstadt schlichen. Aber noch gieriger waren die Normannen, Abkömmlinge der Wikinger, die sich auf die geschwächte Stadt stürzten weil sie die hier vermuteten Schätze begehrten. Während der ersten Hälfte des neunten Jahrhunderts sah sich Paris ständig neuen, drohenden Invasoren ausgesetzt. Sie fuhren auf der Seine flussaufwärts, verwüsteten Burgund und erreichten schließlich die Hauptstadt, die sie plünderten, mehrmals anzündeten und manchmal gegen beachtliche Lösegeldzahlungen verschonten.

Im Jahr 886, nach dem letzten normannischen Überfall, war Paris ausgeblutet, fast alle Kirchen waren zerstört und die Bevölkerung dezimiert.

König Karl der Einfältige beendete 911 die normannische Bedrohung, indem er den schrecklichen Barbaren die Regionen im Westen Galliens übergab, eine Gegend, die später Normandie heißen sollte.

Als wieder Friede herrschte, wurden die letzten Karolinger, die den Invasoren Plünderungen und Brandschatzungen in der Stadt erlaubt hatten, aus der Stadt gejagt und dem Militär überantwortet. Odo, Graf und beispielhafter Verteidiger von Paris, ließ sich zum König wählen und leitete die Epoche der Kapetinger ein.

Endlich, denn den Kapetingern verdankt Paris sehr viel! Vor allem ihrem ersten Vertreter, Hugue Capet, der bei der Verteidigung der Stadt erstmals ins Rampenlicht trat, als Otto II. von Deutschland sie im Visier hatte. Hugue drängte den Barbarenkaiser hinter den Rhein zurück. Im Jahr 987 wurde Hugue König von Frankreich und zog im Triumphzug in Paris ein. Dieser große Politiker liebte seine Hauptstadt. Unter seiner Herrschaft wurde die Stadt wieder zum Machtzentrum des Reiches. Sie expandierte über die Ile de la Cité hinaus, am rechten Seineufer. Capet begriff sehr schnell, dass der wahre Reichtum von Paris der Fluss war.

Durch Gesetze und Edikte förderte er die Entwicklung des Fährmetiers, das sich bald zum mächtigsten Berufsstand entwickelte: so mächtig, dass ein Segelschiff auf bewegten Gewässern zum Stadtwappen wurde. Und sein Motto lautete: *fluctuat nec mergitur* („es schwimmt, aber geht nicht unter").

PARIS IM LAUFE DER JAHRHUNDERTE | 23

24 OBEN Notre-Dame de Paris, zwischen 1163 und 1250 erbaut, wurde während der Revolution geplündert und 1845 von Viollet-le-Duc wieder aufgebaut, dem sie ihre Turmspitze verdankt.

24 UNTEN Der Festungspalast Louvre (hier um 1360) wurde auf Befehl von Philipp Augustus 1190 erbaut.

25 Philipp II. war der erste König von Frankreich, der diesen Titel trug. Dieser 1180 gekrönte, kriegerische König festigte die Macht der Kapetinger wesentlich.

NOTRE-DAME UND DER LOUVRE

Für Paris begann eine neue wirtschaftliche Ära. Den Grand Marché verlegte man von der Ile de la Cité in die sogenannten *champeaux*. Er hieß fortan Marché des Halles und blieb bis 1969 das Herz von Paris. Wegen Platzproblemen und ständigen Verkehrsstaus musste er schließlich nach Rungis umziehen. Am Rive Droite entstanden der Markt und der Hafen von Grève, heute der Platz vor dem Hôtel de Ville.

Im Verlauf von zwei Jahrhunderten machten die Kapetinger Paris wahrhaftig zur Hauptstadt des französischen Reiches und führten sein Wappen zu neuen Ehren. Sie erbauten einen Königspalast auf der Ile de la Cité, restaurierten die Kirchen, schlugen Brücken über die Seine, darunter auch die erste Steinbrücke, die Pont aux Changes. Die alten Sümpfe wurden trockengelegt und die Flächen bepflanzt. Philipp August sanierte die Stadt und ließ die Hauptstraßen pflastern. Er errichtete öffentliche Brunnen, die von den Bächen von Belleville gespeist wurden. Die Abwässer, die bisher ungehemmt dahinflossen, leitete er in einen Abwasserkanal außerhalb des Stadtkerns um. Er schuf auch ein System zur Müllbeseitigung:

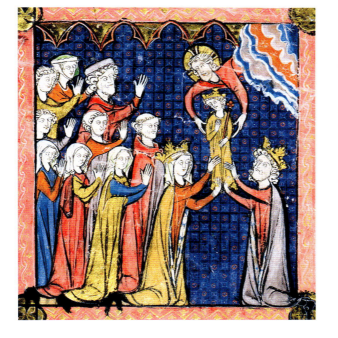

Seither brachten die Flussanrainer den Müll auf ordnungsgemäß ausgewiesene Mülldeponien. Durch diese seit Jahrhunderten angehäuften Abfälle entstand der Hügel, auf dem heute der Parc-des-Buttes-Chaumont liegt. Die benachbarten Weiler, Saint-Germain-l'Auxerrois, Saint-Martin-des-Champs, Sainte-Geneviève und Saint-Germain-des-Prés wurden der Stadt angegliedert. Neue Kirchen entstanden, nämlich Saint-Paul, an der Straße nach Melun, und Saints-Innocents, auf dem Weg nach Rouen. Vor allem aber sorgten die Kapetinger dafür, dass Juden und Syrer zurückkehrten und den Handel mit Europa wiederbelebten. Im Jahr 1163 beschloss Bischof Maurice de Sully an der Stelle der Kirche Saint-Etienne die Kathedrale Notre-Dame-de-Paris zu errichten, ein für diese Zeit wegen seiner ungewöhnlichen und gewagten Architektur und Schönheit einmaliges Bauwerk. Ein Wunder an Gleichgewicht, das mit Voluten und Spitzbögen spielt und dem Licht Raum gibt, das durch riesige Glasfenster den Innenraum durchflutet. Der Bau von Notre-Dame war ein epochales Ereignis, das die Pariser zwei Jahrhunderte lang beschäftigte: 160.000 Arbeiter, Architekten und Künstler aus allen Bereichen wechselten sich bei der Entstehung dieses Meisterwerks ab, das erst zu Beginn des 14. Jahrhunderts fertiggestellt wurde. „Paris wäre nicht Paris ohne Notre-Dame", schrieb Victor Hugo. Und wahrlich, die Kathedrale war Schauplatz der wichtigsten Ereignisse im Leben der Stadt. Der Rehabilitationsprozess von Jeanne d'Arc fand hier statt, Napoleon krönte sich hier zum Kaiser und General De Gaulle entging hier während der ersten Messe für die Befreiung wie durch ein Wunder einem Attentat. Im Jahr 1190 forderte König Philipp August von den Bürgern die Finanzierung einer Stadtmauer, die im Kriegsfall dem Angriff der Erbfeinde von jenseits des Ärmelkanals standhalten sollte. Er integrierte auch eine Festung: den Louvre. So abgesichert, zog er in den Kreuzzug gegen die Mauren.

Im elften Jahrhundert galt Paris als uneinnehmbar und genoss den Ruf, die schönste Stadt der christlichen Welt zu sein. Die Ile de la Cité war bereits überbevölkert, die Hauptstadt wuchs über die erste Stadtmauer und die Seine hinaus und expandierte am Rive Droite. Am Rive Gauche kelterten zunächst nur einige Weinbauern einen Wein, den die Studenten sehr schätzten. Um näher bei den Winzern zu sein, siedelten sich viele Studenten am linken Seineufer an und legten damit den Grundstein für das Quartier Latin. Doch in Wahrheit war es nicht ganz so einfach! Die Lehrer der Episkopalschulen von Paris, die in ganz Europa sehr geschätzt waren, wollten unabhängige Bildungszentren gründen. Dies jedoch hießen weder der König noch der Bischof gut. Die revoltierenden Studenten trugen den Sieg davon. Sie besetzten das Institut – dank der Fürsprache von Papst Innozenz III., der gute Gründe hatte, Zwietracht zwischen dem König von Frankreich und seiner intellektuellen Elite zu säen. Im Jahr 1252 bekam die Schule schließlich den Status einer Universität und das Recht auf ein eigenes Siegel. Im Jahr 1257 gründete der Kanoniker Robert de Sorbon, Beichtvater des Königs und großer Gelehrter, die Schule für Theologie, die spätere Sorbonne.

PARIS IM LAUFE DER JAHRHUNDERTE | **25**

26 LINKS Die Legende erzählt, dass die Kanoniker von Notre-Dame, bei ihrem Tod ihr Bett dem Krankenhaus spenden sollten.
26 RECHTS Das Hôtel Dieu direkt neben Notre-Dame ist das älteste Hospital von Paris. Diese Zuflucht der Bedürftigen wurde 1868 wieder aufgebaut.
27 Ludwig IX., genannt Heiliger Ludwig, war einer der berühmtesten Könige in der Geschichte Frankreichs, denn er unterstützte die Armen und sorgte für Recht und Ordnung im Reich.

LUDWIG DER HEILIGE

Auf Philipp August folgte dessen Enkel Ludwig IX., besser bekannt als Ludwig der Fromme, der unter einer Eiche in Poissy Recht sprach und die Füße der Armen wusch. Ihm verdankt die Sainte-Chapelle, ein Juwel gotischer Architektur, ihre Entstehung. Sie war dafür bestimmt, die Dornenkrone Christi aufzubewahren sowie Fragmente des echten Kreuzes, die man dem Kaiser von Byzanz in Gold aufgewogen hatte.

Der gute Saint Louis beschloss, im Palast auf der Ile de la Cité zu leben. Daraufhin ließen sich seine Würdenträger, sofern noch Platz war, luxuriöse Privatpaläste errichten. Die Bürgerhäuser hingegen blieben die bekannten, einsturzgefährdeten Bruchbuden, die sich gegenseitig stützten. Die Erdgeschosse waren aus Stein, die Obergeschosse (drei oder vier) aus Holz und einem Gemisch aus Lehm und Stroh, Zunder für häufige Brände, die – einmal entfacht – verheerend waren. Die verfallenen Behausungen grenzten in engen Reihen an schmale, zwei bis drei Meter breite Gässchen, die man überall fand, auch auf Brücken und am Flussufer bis auf Höhe des Wasserspiegels.

Der Handel blühte, die Läden quollen über mit Herrlichkeiten aus allen Winkeln der zivilisierten Welt: Wein aus Burgund, Holz aus Morvan, Marmor aus Italien, Elfenbein aus Afrika, Tuch und Brokat aus Spanien, Klingen aus Toledo, Leinen aus Holland, Salz aus Britannien, Fische, Schlachtvieh und Geflügel. Man registrierte 101 verschiedene Berufsgruppen, die in mächtige Stände unterteilt waren, darunter beispielsweise die Wasserhändler und die Metzger, die nur den Herren ihrer eigenen Korporation gehorchten. Die Lombarden, italienische Bankiers, meist aus dem Piemont und der Toskana, und die Juden kontrollierten den Goldumlauf und trieben Wucher. Sie mussten jedoch das Zeichen der *rouelle* tragen und waren, je nach finanziellem Bedarf der Herrscher, zu regelmäßigen „großzügigen" Zahlungen verpflichtet, um den königlichen Schatz wieder aufzufüllen. Große Krankenhäuser eröffneten, darunter das Hôtel Dieu nahe Notre-Dame, das bedürftige Kranke aufnahm. Doch die hygienischen Bedingungen führten dazu, dass mehr Tote als Geheilte das Hospital verließen! Im Leprakrankenhaus Saint-Lazare wurden vor allem die von den Kreuzzügen heimkehrenden Soldaten behandelt, und das Quinze-Vingts, ein „karitatives Hospital", konnte dreihundert Blinde aufnehmen („fünfzehn mal zwanzig" wie der Name sagt). All dies ermöglichten die Spenden einiger Bürger, die Angst hatten, beim König in Ungnade zu fallen.

Paris wuchs und benötigte viele Arbeitskräfte. Um ihr Glück zu machen, kamen zahlreiche Arbeiter aus den entferntesten Provinzen in die Stadt, beispielsweise aus Österreich, Italien und Portugal. Die erste Zuwanderungswelle rollte heran und brachte Paris den Ruf einer einladenden und toleranten Stadt ein. Das Paris dieser Zeit war ein riesiger, wimmelnder Markt. Es zählte – für damalige Verhältnisse unvorstellbar – fast 300.000 Einwohner. Seine politische und wirtschaftliche Macht war auf dem Höhepunkt. Intellektuelle, Gelehrte und Schriftsteller aus ganz Europa zog es nach Paris. Sie wollten selbst sehen, *de visu*, ob es wirklich die Hauptstadt der christlichen Welt war, wie behauptet wurde. Auf jeden Fall war es eine blühende Stadt: Maler, Bildhauer, Goldschmiede, Stickerinnen, Glasbläser und Messingschmiede legten den Grundstein für das erfolgreiche Luxuskunsthandwerk; Zauberer, Seiltänzer und Jongleure boten auf den Kirchplätzen atemberaubende Kunststücke dar. Alles in allem umfasste Paris jetzt die Ile de la Cité, das Handelsviertel am Rive Droite und das Universitätsviertel am Rive Gauche. Sie alle lagen innerhalb einer Stadtmauer, die als unüberwindbar galt. Die Seine floss mitten hindurch und diente sowohl als Transportweg als auch als bedeutsame Lebensader der Stadt. Hier schöpfte man Wasser, hier fischte und wusch man. Der Fluss trieb die Mühlräder an, transportierte mit Waren beladene Kähne und diente, ganz nebenbei, als Kloake und Grab für Spitzbuben, die beim Verlassen eines Kabaretts einem Messerstich zum Opfer fielen. Man kann sich die Verschmutzung vorstellen! Um die Trinkwasserprobleme zu lösen, grub man Brunnen bis zum Grundwasserspiegel, aber auch dieses Wasser war bereits verunreinigt, durch die Einleitung der Rückstände aus Schlachtereien und Gerbereien. Man riskierte also in Paris sehr leicht, an Ruhr und anderen Fiebern zu sterben. Dennoch waren die Pariser reinlich: Trotz der schlechten Wasserqualität gab es 1292 in Paris dreißig öffentliche, geheizte Badeanstalten.

28–29 1380: Paris hat sich am rechten Seineufer stark entwickelt.

29 LINKS Die Bastille war 1370 ursprünglich eine für den Schutz von Paris bestimmte Festung. Sie war Teil der Stadtbefestigung. Richelieu machte daraus später ein Staatsgefängnis. Am 14. Juli 1789 wurde sie dann zerstört.

29 RECHTS Philipp IV., der Schöne, 1285 gekrönt, war ein grosser Staatsmann, den man als „ersten modernen Monarchen" betrachtete.

JOHANNA VON ORLÉANS UND DER 100JÄHRIGE KRIEG

Der letzte Kapetinger, Karl IV., starb 1328. Sein legitimer Erbe wäre Eduard III. gewesen, Enkel von Philipp von Valois. Doch leider verhinderte etwas seine Nachfolge: Er war schon König von England. Die französische Krone stand somit Philipp von Valois (genannt „der Schöne") zu, dem Cousin des verstorbenen Königs. Diese Wahl führte zum Ausbruch des Hundertjährigen Kriegs. Von Unruhen geschüttelt befand sich Paris fast eineinhalb Jahrhunderte im Zentrum schrecklicher Wechselfälle: Der Konflikt mit England brachte den Handel zum Erliegen, der Kampf der Clans um den Thron – Geschlechter aus Burgund und Armagnac – machte aus der Stadt die Arena ihres eigenen Ehrgeizes. Die *Jacques*, eine organisierte Bande aufständischer Bauern, führten einen Bürgerkrieg. In der Folge kam es zu Aufständen wie dem der *Maillotins*, die sich weigerten, die vom Stadtkämmerer verlangten, exorbitanten Abgaben zu entrichten, und die Eintreiber mit Gewehrsalven empfingen. So kam die Zeit der Not und der großen Epidemien. Im Jahr 1348 suchte der „Schwarze Tod", die Pest, Paris heim. Schnell füllten sich die Straßen mit Leichen und man errichtete Scheiterhaufen auf den Plätzen. Jahrzehnte vergingen. Es wird sogar behauptet, dass zwischen 1420 und 1440 hungrige Wölfe in die Stadt kamen und kleine Kinder fraßen. Paris war der Schauplatz von unkontrollierbaren Volksaufständen und Bürgerrevolten, von mehr oder weniger politisch motivierten Morden und Schnellexekutionen. Paris verlor die Hälfte seiner Bewohner, viele Häuser und Geschäfte blieben verlassen zurück. Philipp von Valois versuchte, die steigende Kriminalität einzudämmen. Er ließ die Bastille erbauen, das erste echte Gefängnis. Hier saßen später an Berühmtheit kaum zu übertreffende Häftlinge: Der Superintendent von Ludwig XIV., Nicolas Fouquet, schuldig weil er reicher war als der König; der „Mann mit der eisernen Maske", angeblicher Zwillingsbruder des Sonnenkönigs; Marquis de Sade, flammender Schriftsteller des 18. Jahrhunderts. Das Bauwerk selbst, ein Symbol des Absolutismus, wurde im Jahr 1789 vom Volk zerstört. Es entstand ein riesiger Platz, auf welchem fortan die Freuden und Revolten der Stadt ihren Ausdruck fanden.

PARIS IM LAUFE DER JAHRHUNDERTE | 29

30 OBEN LINKS Bischof Cauchon leitete den Prozess, der gegen Jeanne d'Arc geführt wurde und von den Engländern manipuliert worden war. Am 30. Mai 1431 wurde sie in Rouen lebendig verbrannt.

30 OBEN RECHTS Karl VII. (1403-1461), der Jeanne d'Arc verraten hatte, blieb den Franzosen in schlechter Erinnerung. Dennoch war er kein schlechter König.

30 UNTEN 1429 befreite Jeanne d'Arc Orléans und geleitete Karl VII. nach Reims, wo er zum König von Frankreich gekrönt wurde.

31 Jeanne d'Arc, eroberte – von himmlischen Stimmen geleitet – Paris zurück.

Im Jahr 1422 wurde Heinrich VI. im Alter von sechs Monaten in London zum König von Frankreich und England proklamiert. Im darauf folgenden Jahr zogen die Engländer, die Sieger des Krieges, triumphierend ins gedemütigte Paris ein. Der Herzog von Bedford, Onkel von Heinrich VI., ernannte sich zum Regenten der Stadt und zog in das Hôtel des Tournelles.

Jetzt trat Jeanne d'Arc, die Jungfrau von Orléans, ins Rampenlicht, nachdem göttliche Stimmen ihr aufgetragen hatten, die Eindringlinge zu vertreiben. Sie überzeugte Karl VII., den im Exil lebenden König von Frankreich, Paris zu belagern, um sein Recht zurückzuerobern. Doch die Belagerung schlug fehl. Jeanne d'Arc versuchte nochmals, den Herrscher aufzurütteln, doch dieser wartete lieber in aller Ruhe darauf, dass das Mädchen sein Versprechen einlöse und die Engländer aus Frankreich vertreibe. Jeanne nahm den Kampf alleine auf. Mit Gottes Hilfe und wenigen Waffenbrüdern überzeugte sie die Bürger von Paris, den Soldaten des „einzig wahren Königs von Frankreich" die Stadttore zu öffnen und verjagte 1429 die Besatzer. Im Jahr 1431, während Heinrich VI. von England im Alter von nunmehr neun Jahren offiziell in Notre-Dame zum König von Frankreich gekrönt wurde, verbrannte man die Jungfrau in Rouen auf dem Scheiterhaufen… Welch trauriges Ende für das mutige Mädchen aus Orléans, von allen im Stich gelassen, selbst von dem Mann, dem sie eine Stadt und ein Reich zurückerobert hatte. Erst 1437 kehrte Karl VII. in die Hauptstadt zurück – als ihm mit Sicherheit keine Gefahr mehr drohte… Sein Nachfolger war Ludwig XI., ein grausamer skrupelloser König, der 1461 in Paris Einzug hielt. Der neue Monarch aber verabscheute die Stadt. Für ihn war Paris nur eine übelriechende, gewalttätige Kloake in den Händen von Missetätern jeden Genres. Daher zog der Herrscher mit Hofstaat nach Bourges und der Louvre, gezeichnet von den Bürgerkriegen, wurde ein finsterer Kerker.

Die Zeiten waren turbulent und das Klima für das kulturelle Leben nicht gerade günstig. Und dennoch schrieb ein gewisser François Villon, ein Poet und Zuchthäusler mit Hang zu Schlägereien, im Jahr 1463 die schaurig-schöne „Ballade des Pendus", bevor er endgültig zum Banditen der Stadt wurde und spurlos verschwand. Unterdessen erfand Johannes Gutenberg in Mainz den Buchdruck mit beweglichen Lettern – die schreibenden Mönche gehören somit der Vergangenheit an. Im Jahr 1457 verwirklichte er sein erstes Werk, die *Zweiundvierzigzeilige Bibel*. Die Erfindung, die das intellektuelle und literarische Leben in Paris beeinflusste und dauerhaft prägte, wurde 1470 mit den Druckerpressen der Sorbonne ausprobiert. Man druckte ein erstes Buch, die *Lettres Latine* von Bergame. Gleich darauf folgte eine ins Französische übersetzte Bibel. Endlich konnte das Volk die Heilige Schrift lesen. Natürlich nur wer lesen konnte, eine Bedingung fernab der Realität, denn 95 Prozent der Pariser waren Analphabeten und viele Zuwanderer aus fernen Provinzen des Pays d'Oc, der Normandie und der Grafschaft Toulouse sprachen noch nicht einmal verständliches Französisch. Trotzdem entwickelte sich Paris mit dem Einzug des Buchdrucks und der Entstehung von Verlagshäusern zum Zentrum des europäischen Humanismus. Pico della Mirandola, Erasmus, Ignazius von Loyola, Giordano Bruno und viele weitere zeitgenössische Philosophen pilgerten in die Stadt. Später kamen auch Pierre de Ronsard und Joachim du Bellay, um in Paris ihre Werke zu schreiben und betreuen zu lassen.

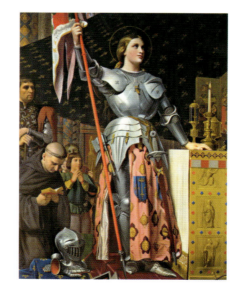

32 Paris 1576 unter Heinrich III. Die beiden Seineufer waren besiedelt und durch fünf, mit Läden und Häusern bebauten Brücken miteinander verbunden. Erst zwei Jahre später begannen die Arbeiten zum Bau der Pont Neuf.

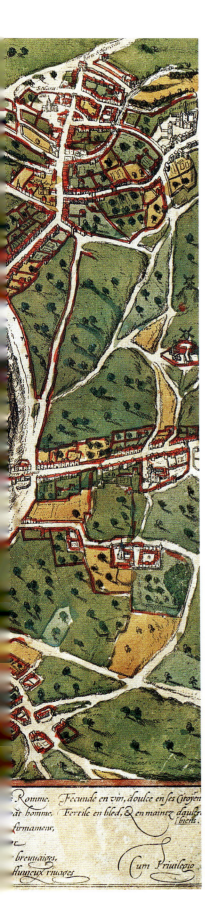

33 LINKS Franz I. (1494-1547) war ein guter König und ein grosser Mäzen, der die berühmtesten europäischen Künstler nach Paris zog. 1540 bereitete er Kaiser Karl V. einen grossartigen Empfang. Dieser zog mit seinen Truppen durch das Reich, um die Einwohner von Gand zu strafen.

33 RECHTS Paris 1500, zu Beginn der Herrschaft von Ludwig XII.: Der vom Hundertjährigen Krieg zerstörte Louvre wurde ein Munitionsdepot und ein Bezirksverwaltungsgebäude. Franz I. restaurierte ihn wieder.

DIE WIEDERGEBURT VON FRANZ I.

Im Jahr 1528 vervollkommnete Franz I. die Hauptstadt auch architektonisch, indem er den Louvre verändern und schließlich rekonstruieren ließ. Die Renaissance stand in voller Blüte, der neue Städtebau – nach italienischem Vorbild – machte Furore, und die Architektur tendierte zur flammenden Gotik. Man riss die alten Privatpaläste ab, die vom Krieg beschädigt und geplündert waren, um neue zu errichten, deren schönstes Beispiel das Palais Carnavalet ist. Nach allen Regeln der Kunst renovierte man alte Häuser und restaurierte ihre Fassaden in Backstein. Paris wurde endlich wieder Paris, die Hauptstadt der Künste, der Literatur und der Eleganz. Franz I. gründete das Collège de France nach dem Modell moderner Lehranstalten, und die französische Sprache wurde anstelle der lateinischen zur offiziellen Sprache. Doch wieder brach ein Krieg aus, diesmal gegen Italien und Spanien. Man musste die Stadt durch eine neue Stadtmauer schützen, die mit Steinbastionen – entsprechend dem Fortschritt der Artillerie – verstärkt wurde.

Im Jahr 1549 lebten in Paris circa 300.000 Menschen, es gab 10.000 Privathäuser mit mindestens drei Stockwerken, 16 Brunnen, vierzig öffentliche Badeanstalten, einen im Bau befindlichen Aquädukt und gut fünfzig sakrale Bauten. Im selben Jahr wurde anlässlich des triumphalen Amtsantritts von König Heinrich II. die Fontaine des Innocents eingeweiht. Der Herrscher versuchte, die Sicherheit der Pariser zu verbessern, indem er an den Fassaden und an den Straßenecken mit Kerzen beleuchtete Laternen anbringen ließ. Er rief auch die *barrières de sergents* ins Leben, Vorläufer der heutigen Polizeikommissariate. Er schaffte es noch, den Bau des neuen Hôtel de Ville anzuordnen. Entstehen sollte ein Rathaus, das der „Grandezza einer Hauptstadt" würdig war, wie der gute König zu sagen pflegte. Kurz darauf starb er im Palais Tournelles an einer banalen Verletzung, die er sich bei einem Turnier zugezogen hatte. Seine Gattin, Katharina von Medici, ließ das Gebäude abreißen und an gleicher Stelle die Tuilerien errichten.

Als letztes Zeugnis der Renaissance entstand der Triumphbogen an der Porte Saint-Antoine, der später für die Bögen von Saint-Denis und Saint-Martin als Modell diente, die unter Ludwig XIV. errichtet wurden.

34 OBEN 1590 ZOG DIE LIGA, EINE VON HEINRICH VON GUISE GEGRÜNDETE KONFÖDERATION, NACH PARIS, UM DEN KATHOLIZISMUS GEGEN DIE PROTESTANTEN ZU VERTEIDIGEN, ABER AUCH UM HEINRICH III. ZUGUNSTEN DES HERZOGS VON GUISE ZU STÜRZEN. DIE LIGA VERSCHWAND ALS HEINRICH IV. DIE MACHT ÜBERNAHM.

34 UNTEN KATHARINA VON MEDICI WAR DIE ANSTIFTERIN DER BARTHOLOMÄUSNACHT, DIE ETWA 2000 HUGENOTTEN DAS LEBEN KOSTETE.

Tolerant und offen für neues Gedankengut empfing Paris die Reformation, aber die antidogmatischen Ideen und die Strenge dieser Strömung missfiel dem gemeinen Volk sofort. Es war die Formen des katholischen Prozederes gewohnt. Auch der Adel war verschreckt und beunruhigt über die von der neuen politisch-religiösen Schicht erlangte Macht. Ablehnung wurde bereits 1521 offenkundig, als die Sorbonne offiziell Luthers Thesen verurteilte. Zwei Jahre später wurde ein Lutheraner auf dem Place de Grève getötet. So ging es weiter bis 1572, als alles im Massaker von Saint-Bartholomé gipfelte, das von Katharina von Medici, der Mutter des Nachfolgers von Heinrich II., Karl IX., organisiert und gesteuert wurde. Man jagte die Protestanten durch die Straßen von Paris, sie wurden totgeschlagen, gelyncht und abgeschlachtet. Das fünftägige Blutbad mit viertausend Opfern löste einen Religionskrieg aus. Heinrich III., der Nachfolger von Karl IX., wurde in Saint-Cloud ermordet. Heinrich von Navarra, ein Protestant, folgte ihm als Heinrich IV. auf den Thron. Paris aber lehnte den Hugenotten ab und hinderte ihn daran, die Stadt zu betreten. So musste der künftige Monarch die Hauptstadt belagern. Fünf Monate überlebten die Pariser so gut sie konnten. Sie ernährten sich von Hunden, Katzen, Ratten, Wurzeln und wohl auch von Brot, dessen Mehl sie aus Knochen vom Cimetière des Innocents hergestellt haben sollen… Die Belagerung forderte fast 30.000 Opfer bevor Heinrich IV., bewegt von soviel Durchhaltevermögen, beschloss, dass „Paris eine Messe wert" sei und zum Katholizismus konvertierte. Am 22. März 1594 hielt er in Paris Einzug und ließ sich in Notre-Dame zum König ausrufen.

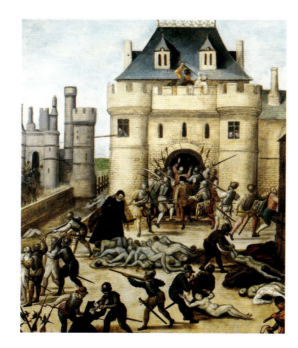

34 | PARIS IM LAUFE DER JAHRHUNDERTE

34-35 Am 22. März 1594 zog Heinrich IV. in Paris ein, nachdem er zum Katholizismus konvertiert war. Heinrich IV. war einer der grossen Liebhaber der Hauptstadt.

PARIS IM LAUFE DER JAHRHUNDERTE | 35

36 OBEN Paris 1607. Der Bau der Pont Marie, welche die beiden Teile der zukünftigen Ile Saint-Louis verbinden sollte, begann erst 1614.

36 UNTEN Am 14. Mai 1610 wurde der gute König Heinrich IV. im Herzen von Paris von Ravaillac ermordet. Ravaillac wurde festgenommen, gefoltert und dann öffentlich auf der Place de Grève gevierteilt.

36-37 Paris 1615 zu Beginn der Herrschaft von Ludwig XIII.

PARIS IST EINE MESSE WERT

Zu dieser Zeit zählte Paris kaum 150.000 Einwohner. Heinrich IV. machte das verrückt, und Paris war sich dessen bewusst. Der König kämpfte vor allem gegen das Elend und richtete deshalb eine Art „Stellenvermittlung" ein, wo Arbeitslose jeder Art und Nationalität um Arbeit nachfragen konnten. Dann begann er, die Stadt von den Kriegsresten zu befreien. Er vollendete die Pont Neuf, indem er die Häuser durch breite Bürgersteige ersetzte, und schloss den Bau des Hôtel de Ville ab. Er verband die beiden Inseln der Ile de la Cité und schuf dort die Place Dauphine, ein kleines Wunder an architektonischem Gleichgewicht. Die Ile aux Vaches und die Ile Notre-Dame ließ er zur Ile Saint-Louis zusammenlegen und dort entstanden prachtvolle Residenzen. Heinrich IV. ließ auch den Place Royale, den heutigen Place des Vosges, entwerfen und legte den Grundstein für das elegante Quartier Marais, wo Adel, Magistrat, Hochfinanz und hohe Beamte ihre Häuser errichteten. Er gründete das Hôpital Saint-Louis und forderte, dass aus hygienischen Gründen für ansteckend Erkrankte Isolierzimmer bereitgehalten wurden. Er realisierte breite Straßen – circa hundert in kaum fünfzig Jahren.

Auch die kleinen Straßen erhielten mehr Raum, weil er alle überflüssigen, sie beengenden Bauten abreißen ließ, was auch die Verkehrsstaus verringerte. Ironie des Schicksals: Heinrich IV. wurde bei einem Verkehrsstau, der die königliche Karosse mitten im Quartier des Halles zum Anhalten zwang, von Ravaillac niedergestochen. Das Cœur Couronné, wo man ihn hinbrachte, existiert noch heute. Auf dem Asphalt erinnert ein Stern die Pariser an das tragische Ende eines Königs, der seine Hauptstadt aus tiefstem Herzen liebte.

36 | PARIS IM LAUFE DER JAHRHUNDERTE

38-39 Im Jahr 1605 beschloss Heinrich IV., den Place Royale errichten zu lassen. Der heutige Place des Vosges sollte ursprünglich für die Pariser ein Platz zum Flanieren sein und die neuen Viertel am Rive Droite interessanter machen. Mit einem orientalisch inspirierten, prunkvollen Fest wurde er 1612 eingeweiht.

38 | PARIS IM LAUFE DER JAHRHUNDERTE

39 Ludwig XIII., genannt der Gerechte (1601-1643), heiratete in Paris Anna von Österreich, um den Dreissigjährigen Krieg zu beenden. Kardinal Richelieu, den man an seiner Seite sieht, war ein grosser Staatsmann und dem König bis in den Tod treu ergeben.

DIE STADT RICHELIEUS

Ludwig XII. vollendete mit Hilfe Richelieus sein Werk. Die Stadt vergrößerte sich in alle Richtungen, es entstanden die Vororte Montmartre und Saint-Honoré, wo die wohlhabenden Pariser ihre prächtigen Paläste errichten ließen. Der Bau der Pont Marie, die 1635 eingeweiht wurde, ging zügig voran, und am Ende der Pont Neuf wurde das Reiterstandbild von Heinrich IV. aufgestellt.

Zwischen 1600 und 1639 entstanden sechzig Klöster, darunter das Ursulinenkloster. Als Dank für die Geburt ihres ersten Sohnes, des künftigen Ludwig XIV., ließ die tief religiöse Königin Anna von Österreich Val-de-Grâce errichten. Zahlreiche Kirchen wurden geweiht und Wunderheilungen, wahre oder vermutete, machten in der Bevölkerung von sich reden. Man verbrannte auf dem Place de Grève oder dem Place de Contrescarpe Hexen und Handleserinnen, während immer mehr religiöse Orden entstanden. Im Dunstkreis der Macht waren die Jesuiten tonangebend, die sich schreckliche theologische Dispute mit den Jansenisten lieferten, einer von Mutter Angelica Arnauld 1640 gegründeten Bewegung. Saint-Vincent de Paul – Präfiguration des Abbé Pierre – wurde ein Nationalheld. Er gründete Krankenhäuser und wohltätige Einrichtungen wie die der *enfants trouvés*, die sofort den Beinamen *les poulbots*, „Pariser Gassenjungen", erhielt.

Im Jahr 1622 wurde das religiöse Paris erzbischöflicher Sitz. 1631 beauftragte das intellektuelle Paris Théophraste Renaudot mit der Veröffentlichung von *La Gazette*, dem ersten in der Stadt verkauften Wochenmagazin und einzigen, vom König autorisierten Presseorgan. Aber den Menschen ging es schlecht und der Analphabetismus blieb – trotz kostenloser kirchlicher Schulen – ein ständiges Übel. Die Stadt zählte 400.000 Seelen, deren Mehrheit aus dem durch soziale und politische Veränderungen gewonnenen Reichtum keinen Vorteil zog.

Frankreich stand im Krieg mit England und Spanien, Flüchtlingsströme strebten in die Stadt und die Menschen erzählten von den Gräueln in den Provinzen. Die völlig verstörten Pariser hoben Schützengräben aus und errichteten Barrikaden für den Fall, dass der Feind vor den Toren der Stadt auftauchen sollte. Unterdessen stritt sich die intellektuelle Elite unter der Kuppel der Académie Française um die „richtige Definition linguistischer Devisen" und der Adel amüsierte sich bei Florettwettkämpfen, denn echte Duelle waren seit einigen Jahren verboten. In den Armenvierteln starben die Menschen an Hunger oder durch Messerstechereien, im *Jeu de Paume* feierten reiche Bürger und Adelige den *Cid* von Pierre Corneille, dessen Uraufführung von einem Gala-Diner für fünfhundert Personen unter dem Vorsitz des Königs gekrönt wurde.

40 OBEN 1660 BAT LUDWIG XIV. DEN BERÜHMTEN ITALIENISCHEN ARCHITEKTEN BERNINI, DEN ALTEN LOUVRE ZU RESTAURIEREN. AM ENDE ABER ENTSCHIED MAN SICH FÜR DIE PROJEKTE VON PERRAULT, LE BRUN UND LE VAU. WEIL ES LUDWIG XIV. ABER ZU LANGE DAUERTE, AUF SEINE KÖNIGLICHE RESIDENZ ZU WARTEN, BESCHLOSS ER DEN BAU VON VERSAILLES.

40 UNTEN EINES DER BERÜHMTESTEN BILDER VON LUDWIG XIV., DEM SONNENKÖNIG (1638-1715). ER MACHTE ZUNÄCHST PARIS UND DANN VERSAILLES ZUM INTERNATIONALEN ZENTRUM VON PRACHT UND ELEGANZ.

41 OBEN LUDWIG XIV. BEAUFTRAGTE MANSART MIT DER ERRICHTUNG DES INVALIDENDOMS, DER VERLETZTE UND VERSEHRTE SOLDATEN AUFNEHMEN SOLLTE. AM 28. AUGUST 1670 WURDE ER MIT GROSSEM POMP EINGEWEIHT UND BEHERBERGTE FORTAN EIN HOSPITAL ZUR REHABILITATION VON KRIEGSINVALIDEN.

41 UNTEN JULES HARDOUIN MANSART (1659-1743) WAR EINER DER GRÖSSTEN ARCHITEKTEN VON PARIS. ER SCHUF EINEN FLAMMENDEN UND SPEKTAKULÄREN STIL, DER INTERNATIONAL IMITIERT WURDE. IHM SIND UNTER ANDEREM DER INVALIDENDOM, DAS SCHLOSS VON VERSAILLES UND DIE PLACE DES VICTOIRES ZU VERDANKEN.

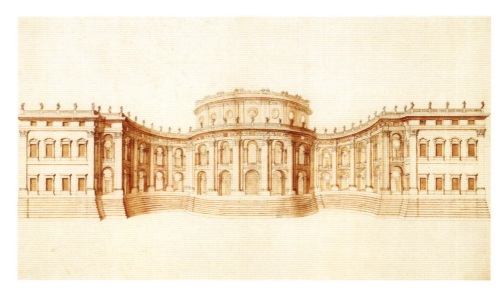

DER SONNENKÖNIG

Im Dezember 1642 starb Richelieu, im Mai 1643 Ludwig XI. Sein direkter Nachfolger war Ludwig XIV., der spätere Sonnenkönig. Da er jedoch erst fünf Jahre alt war, sicherte seine Mutter, Anna von Österreich, die Regentschaft, indem sie Kardinal Mazarin die Macht übertrug. Der Hof zog vom Louvre in den komfortablen und modernen königlichen Palast um. Doch die Regentschaft begann mit schlechten Vorzeichen. Anfangs beschränkten sich die ablehnenden Pariser darauf, den neuen Prälaten in anonymen Pamphleten zu verspotten, dann aber erhoben sie sich. „Zu viele Abgaben, zu viele Kriege, zu viel Elend", skandierten tausende Demonstranten unter den Fenstern von Anna von Österreich. Von Parlamentariern, Fürsten und adeligen Dissidenten angestiftet, rebellierte das Volk. Die Fronde löste eine verheerende Wirtschaftskrise aus und das Elend im Volk wurde noch größer. Schließlich unterwarf sich die Stadt Ludwig XIV., der nach Saint-Germain-en-Laye geflüchtet war. Der König kehrte unter dem Beifall der Massen am 2. Juli 1652 in die Hauptstadt zurück. Der junge Herrscher zog in den düsteren und kalten Louvre ein, da dieser im Fall eines Aufruhrs mehr Sicherheit bot als der königliche Palast. Er ernannte Colbert zum „Leiter des Baugewerbes, der Künste, der Teppichknüpfereien und der Manufakturen in Frankreich". Gemeinsam beschlossen sie, die Stadt zu verschönern und Paris wurde zu einer riesigen Baustelle. Ein Stadtbebauungsplan sah eine von großen Straßen begrenzte Linie vor, außerhalb derer nicht gebaut werden durfte. Innerhalb dieses Terrains gab Ludwig XIV. große Bauvorhaben in Auftrag: die Konstruktion des Place Vendôme, des Place des Victoires, des Place des Invalides und die Restaurierung des Louvre, die abgebrochen wurde. Der Nordflügel blieb ohne Bedachung, als der König nach Versailles umsiedelte. Mansart gestaltete die Vororte Saint-Germain und Saint-Honoré um. Er verband sie durch die Pont Royal und war Namensgeber für die Mansarden, die Dachwohnungen (*chambres de bonnes*) unter der Dachschräge. Le Nôtre gestaltete Parks und öffentliche Gärten, darunter den Jardin des Plantes, wofür er Wohnhäuser abreißen ließ. Er vergaß jedoch, den Bewohnern eine neue Bleibe zu geben. Die Viertel der Handwerker entstanden und diejenigen, die sich dort niederließen, erhielten Privilegien. Die Kunsttischlereien und die Glas- und Spiegelmanufakturen zogen in den Faubourg Saint-Antoine, wo sie sich noch heute befinden.

40 | PARIS IM LAUFE DER JAHRHUNDERTE

42-43 1672 weihte Ludwig XIV. das von Claude Perrault erbaute Observatorium ein. Hier wurde kein einziges Stück Eisen verwendet, um die Nadeln der Instrumente zur Himmelsobservation nicht zu beeinträchtigen.

43 links Ludwig XIV. rühmte sich, ein grosser Mäzen der Wissenschaft, der Kunst und Kultur zu sein. In Begleitung seiner Favoritin Madame de Maintenon lauschte er Racine bei der Deklamation eines Werkes, das heute unter dem Namen „Athalja" berühmt ist.

Ludwig XIV., der stolz auf sein Mäzenatentum war, eröffnete nach Belieben Musik- und Tanzakademien, *Ateliers* für Malerei- und Theaterunterricht. Überall gab es Literatursalons und kaum ein Bürger träumte nicht davon, selbst einen solchen Salon zu besitzen.

In diesen Salons entstanden und vergingen die Reputationen der Großen dieser Zeit, besonders bei Cathérine de Vivonne im Palais de Rambouillet und bei Madeleine de Scudéry im Palais de Marais, wo Racine und vor allem Molière häufig zu Gast waren.

Die Finesse der Reichen war genauso extrem wie das Elend des Volkes. Das Heer erhielt keinen Sold mehr, sondern wurde nur noch verköstigt (und das schlecht). Die Bürger waren es Leid, den Größenwahn von Ludwig XIV. und die Verschwendung seiner Höflinge zu finanzieren.

Das Leben in Paris war teuer geworden, es fehlte an Getreide und Fleisch. Die verheerenden Überschwemmungen von 1658 zerstörten die Pont Marie und schwemmten die Viertel am Flussufer fort, wodurch tausende Verzweifelte auf die bereits von Bettlern bevölkerten Straßen drängten.

Doch die Pariser, die nicht wählerisch waren, ließen sich von den königlichen Feuerwerken mitreißen, die in den Himmel aufstiegen. Sie entdeckten auch den Kaffee in den in Mode gekommenen Lokalen. Im Jahr 1675 gab es zweihundert Kaffeehäuser, darunter das berühmte *Procope,* Treffpunkt der intellektuellen *élite*. In den Privatpalästen fanden prächtige Empfänge statt. Ludwig XIV. liebte Pomp ebenso wie sein frivoler Hofstaat, der sich für spirituelle Spiele, Ballspiele und Boule begeisterte.

Der König beendete durch seine Heirat mit Maria Theresia von Österreich den Krieg mit Spanien. Doch die Vermählung wurde in Saint-Jean-de-Luz im Baskenland gefeiert und das Volk murrte. Dann, am Ende, kehrte scheinbar Friede ein…

43 rechts Ludwig XIV. liebte Molière, der ihn „so lachen" liess. Dennoch war Molière, der 1673 auf der Bühne starb, sein Leben lang Verleumdungen ausgesetzt, und sein Leichnam wurde, wie der aller Theaterleute dieser Zeit, in ein Sammelgrab geworfen.

PARIS IM LAUFE DER JAHRHUNDERTE | 43

44 OBEN LINKS Die Kuratoren von Paris waren im Mittelalter Beamte der Gendarmerie mit der Aufgabe, in der Hauptstadt für Recht und Ordnung zu sorgen. Leider wagte es keiner von ihnen, in die berühmten „Höfe der Wunder" zu gehen, Verstecke wo Mord und Diebstahl zu Hause waren.

44 OBEN RECHTS Am 2. September 1667 zündete der Polizeihauptmann Nicolas de La Reynie eine der 2136 mit Kerzen bestückten Laternen an, die 912 Strassen in Paris beleuchteten.

44 UNTEN Vor dem Hôtel de Ville, dort wo im 17. Jahrhundert auf der Place de Grève die Enthauptungen stattfanden, genoss das gemeine Volk die Wohltätigkeit des Königs, der ein Volksfest veranstalten liess.

45 OBEN Blick von der Pont Neuf auf den Louvre, um 1665. Auf der Brücke, wo das von Jean Boulogne 1614 gegossene Reiterstandbild von Heinrich IV. steht, herrschte rege Betriebsamkeit. Dieses Standbild war das erste in Paris.

45 UNTEN In der Rue Saint-Antoine, wie sie im 17. Jahrhundert aussah, siedelte ein unbekannter Maler die Possen und Spiele eines lebhaften „Wunderlandes" an, das für das Volk veranstaltet wurde. Damals hatte Paris 450.000 Einwohner.

Paris war jetzt eine weit verzweigte Stadt und die Einwohnerzahl stieg stark an, vor allem wegen der Zuwanderer aus den Provinzen, die – angezogen vom Glanz der Hauptstadt – hier versuchten, so gut wie möglich zu überleben. Im Jahr 1671, als Ludwig XIV. mit viel Brimborium nach Versailles übersiedelte, zählte Paris 450.000 Einwohner in 45.000 Unterkünften, das heißt, das gemeine Volk schlief immer häufiger unter den Brücken als in Betten. Die Stadtpolizei verfügte nur über vierhundert Bogenschützen, die bei ihren nächtlichen Streifen von einer Kavalleriebrigade eskortiert wurden. In kürzester Zeit gerieten die ärmeren Viertel in Verruf: Hier machten Taschendiebe die Gesetze und die Beamten waren nur hin und wieder in der Lage, die Trauben von Bettlern, Gaunern und Wundertätigen aufzulösen, die sich spontan zusammenrotteten. Im Verlauf nur eines Jahres, 1669, ließ der höchste Beamte insgesamt 4800 Vagabunden und Prostituierte im Hôpital Général einsperren, aber wegen fehlenden Wachpersonals war dieses Völkchen bald wieder auf den Straßen.

Dennoch kamen einige Maßnahmen zum Schutz der Pariser zum Tragen: Der höchste Beamte genehmigte die Bildung eines Fackelcorps, das abends gegen ein geringes Entgeld die Leute nach Hause begleitete. Der König ordnete die Installation metallener Laternen an den Straßenecken an, um die Nächte in Paris zu erhellen. Im Jahr 1662 gab es fast dreitausend dieser Laternen in der Stadt. Im selben Jahr tauchten schon die ersten *carrosses à cinq sols* auf, billige Fahrzeuge, die festgelegte Routen befuhren. Sie waren die Vorläufer der heutigen öffentlichen Verkehrsmittel.

Das Ende der Herrschaft von Ludwig XIV. war gezeichnet von einer Rückkehr zur Härte, ja sogar zur Bigotterie, unter dem Einfluss von Madame de Maintenon, die der König 1683 heimlich ehelichte. Als Madame noch nichts anderes als eine Favoritin war, verurteilte sie die literarischen Salons – und sie verschwanden. Aber noch schlimmer war, dass sie 1685 den König überzeugen konnte, das von Heinrich IV. unterzeichnete Edikt von Nantes zu widerrufen. Aus diesem Grund mussten 16.000 der 30.000 Protestanten Paris verlassen. Sie emigrierten nach Deutschland, Holland und in die Schweiz und schürten dort die Feindschaft gegen die französische Monarchie. Dies war einer der schwersten Fehler in der Politik von Ludwig XIV. und er sollte tragische soziale und wirtschaftliche Konsequenzen haben.

Der Glanz des Sonnenkönigs verblasste, sein Untergang näherte sich. Noch tanzte man zwar in Versailles, aber die Violinen klangen schon melancholisch.

Das seinem Schicksal überlassene Paris war verwundbar und für jede Katastrophe anfällig. Die erschreckendste Katastrophe raffte im Winter 1709, zwischen Januar und März, über 30.000 Menschen dahin, die erfroren oder verhungerten.

44 | PARIS IM LAUFE DER JAHRHUNDERTE

46 Am 21. Januar 1782 feierten die Pariser die Geburt von Louis Charles, Dauphin von Frankreich, Sohn von Ludwig XVI. und Marie Antoinette, mit einem grossen Ball auf dem Getreidemarkt. Das Feuerwerk, das Paris illuminierte, wurde von dem österreichischen Botschafter ausgerichtet.

47 Oben Am 6. September 1764 legte Ludwig XV. den Grundstein für die Kirche Sainte-Geneviève, die später zum Panthéon wurde. Um den König zu überzeugen, konstruierte der Architekt Soufflot ein falsches Panthéon in Originalgrösse aus Brettern und Gips.

47 Unten Der Architekt Gabriel, dem Paris die 1772 eingeweihte École Militaire verdankt, die am Rand des Marsfelds erbaut wurde. Hier waren alte Weinberge in militärisches Manövergebiet umgewandelt worden.

DAS JAHRHUNDERT DER AUFKLÄRUNG

Ludwig XIV. starb 1715. Sein Nachfolger, Urenkel Ludwig XV., machte Paris zur *ville Lumière*, zur Stadt der Aufklärung. Das neue Zeitalter begann mit Philipp von Orléans, dem lasterhaften und zügellosen Regenten, der die Sitten lockerte, die literarischen und mondänen Salons wiederöffnete und die abgewanderten Künstler und Baumeister nach Paris zurückholte. Der Umzug nach Versailles führte nicht zur Abwanderung der intellektuellen und künstlerischen Elite, sondern formte eine rebellische und respektlose frondistische Mentalität, die zu einer natürlichen Akzeptanz neuer Ideen führte. Ludwig XV. residierte zunächst in den Tuilerien, doch schon bald ging er nach Versailles zurück. Das Volk spottete über alles und alle und Paris, das wieder seinem Schicksal überlassen wurde, ließ sich von Enzyklopädisten und Philosophen beeinflussen, die sich in den großen literarischen Salons der opulenten Bourgeoisie offen äußerten und politische Ideen unterstützten, die letztendlich zur Revolution führten.

Andererseits machte all dies das Volk nicht glücklicher. Noch immer waren Hunger und Elend die Begleiter der Besitzlosen, der Armen, die ihre Neugeborenen vor den Klöstern aussetzten, weil sie sie nicht ernähren konnten. Innerhalb des Jahres 1720 stieg die Zahl der Findelkinder auf sechstausend. Der Kampf gegen die Armut führte wie immer zu noch mehr Elend und Repressionen. Einerseits zwang ein Edikt denjenigen, der ein Einkommen hatte, den dreißigsten Teil davon den Pfarreien zur Unterstützung Bedürftiger zukommen zu lassen. Andererseits wurden massenweise Prostituierte und Bettler nach Kanada und Louisiana deportiert. Im Jahr 1778 öffnete auch der Mont de Piété, eine Pfandleihe für Bedürftige.

Es gab zahlreiche Prozessionen. Die Reliquien der Sainte-Geneviève wurden durch die Straßen der Hauptstadt getragen; es herrschte allgemeine religiöse Hysterie und Fanatismus, doch wo die Menschen machtlos waren, konnte auch die Schutzheilige nichts ausrichten... Also setzte das Volk auf Zerstreuung. Man tanzte nach den Klängen italienischer Akkordeons die Quadrille, besuchte eines der vielen Theater oder lauschte den kostenlosen Konzerten in den öffentlichen Gärten.

Man begeisterte sich für alles, was vom täglichen Leid ablenkte, zum Beispiel für die Ballonfahrt von Pilâtre de Rozier auf dem Marsfeld, für die Verhaftung von Cartouche, dem guten Banditen und dem von den Massen geliebten Scharfrichter, sowie für die großen öffentlichen Hinrichtungen, wie beispielsweise von Damien, dem angeblichen Königsmörder, der im Jahr 1757 auf dem Place de Grève geviertteilt wurde. Aber auch dieser sonderbare Zeitvertreib genügte nicht. Das Tag für Tag von Hunger und Elend gebeutelte Volk von Paris begann, zu rebellieren. Es handelte sich nur um kurze Aufstände, aber jeder einzelne forderte seine Opfer.

Zurück ins Jahr 1728, als bei Ludwig XV. das Interesse für die Stadt erwachte und er die ersten Schilder mit Straßennamen anbringen ließ. Im Jahr 1746 kamen die ersten Öllampen und 1748 legte der König den Grundstein der Kirche Sainte-Geneviève, die während der Revolution zum Panthéon werden sollte. Im Jahr 1758 begannen die Arbeiten für den Place de la Concorde, danach die für das Théâtre de l'Odéon, die École Militaire und das große Champ-de-Mars. Je länger er regierte, desto mehr war der Monarch offen für neue Gedanken, die sich mit der Beziehung zwischen Stadt und Bürgern beschäftigten. Die Bauwerke wurden nicht mehr nur aus einem ästhetischen Blickwinkel betrachtet, sondern auch nach Nutzen und sozialer Bedeutung beurteilt. Als Ludwig XV. im Jahr 1774 starb, war ein modernes Stadtbild entstanden. Aber um welchen Preis...

48 Am 14. Juli 1789 stürmten die Pariser auf ihrer Suche nach Waffen das Gefängnis der Bastille, nachdem sie bereits die Tuilerien geplündert hatten.

49 LINKS Ludwig XVI. (1754-1793). Der Konvent beschloss einstimmig seinen Tod. Am 21. Januar 1793 starb er auf dem Place de la Concorde durch die Guillotine. Seine Hinrichtung führte zur Vereinigung der europäischen Herrscher gegen die französischen Revolutionäre.

49 RECHTS Am 2. Dezember 1804 ernannte sich Napoléon Bonaparte, ein korsischer Adeliger, vor Papst Pius VII. selbst zum Kaiser der Franzosen und krönte auch seine Gattin Joséphine Beauharnais. Aus diesem Anlass dirigierte Cherubini in Paris die Uraufführung von Mozarts Requiem.

DIE TAGE DER MARSEILLAISE

Als Ludwig XVI. an die Macht kam, waren die Kassen leer und Paris mit seinen fast eine Million Einwohnern verwahrlost. Die Stadt befand sich im Wandel, aber das Leid des Volkes blieb dasselbe. Weder die schönen Mietshäuser, die an der Stelle der antiken Bauten des Palais Royal errichtet wurden, waren für das Volk, noch das Weißbrot, dessen Preis in schwindelnde Höhen kletterte. Paris murrte und dann ging ein Aufschrei durch das Volk… Alles war bereit – der Vorhang zur Revolution erhob sich.

Man schrieb das Jahr 1789. Empört über die Not und die Ungerechtigkeit erhob sich Paris mit einer Vehemenz, deren Geheimnis nur diese Stadt kennt, zu einem Aufstand. Empfänglich für die Ideen, die in den Kaffeehäusern frei geäußert wurden und aufgestachelt von brillanten Rednern wie Desmoulins, Marat, Danton, Hébert und Robespierre, griffen die Aufständischen zu den Waffen, stürmten die Bastille, riefen einen ersten republikanischen Präfekten aus, hielten den König und seine Familie in den Tuilerien gefangen und drangen in die Klöster ein, wo der Schatz des Klerus beschlagnahmt wurde. Die Schlagworte der neuen Ordnung

liberté, égalité, fraternité, „Freiheit, Gleichheit, Brüderlichkeit" wurden verkündet und in die Fassaden gemeißelt. In einem Salon im Faubourg Poissonnière sang Rouget de l'Isle die *Marseillaise*.

Doch die Revolution geriet ins Wanken, strauchelte, und die Stadt erlebte erbitterte Parteikämpfe: Jakobiner und Cordeliers gegen Girondisten. Paris versank im Terror. Die Guillotine war allgegenwärtig: am Carrousel, auf dem Place de Grève, dem Place de la Concorde und auch im Louvre. Am 21. September 1792 wurde unter allgemeinem Jubel die Republik ausgerufen und am 21. Januar 1793 starb der König, dessen Flucht nach Varennes missglückte, auf dem Place de la Concorde durch die Guillotine. Bis 1794 wurden 1306 Gefangene hingerichtet, darunter nicht nur Adelige und Beamte… Als Napoleon Bonaparte die Bühne betrat, lag Paris am Boden, war ausgehungert, ruiniert, verletzt und enttäuscht, ob der qualvollen Revolution. Die ganze Zeit lebte es in bitterster Armut, zählte jetzt nur noch 600.000 Einwohner und ein Fünftel der Bevölkerung galt als notleidend. Adel, Klerus und das traditionelle Großbürgertum gab es in dem neuen Sozialsystem nicht mehr; die Armee kontrollierte die Stadt wie ein Eroberer, plünderte und erpresste. Kulturell gesehen, hatte die Revolution nichts verändert. Weiterhin waren zwei von fünf Parisern Analphabeten und es gab nur zwanzig kostenlose Schulen. Trotz allem versuchten die Pariser, mit dem ihnen eigenen Humor und ihrer typischen Lebensart, Hunger und Elend zu vergessen und sich zu amüsieren. Man improvisierte Bälle im Palais Royal oder in Parks und Gärten, wo man über die *incroyables*, exzentrische, ungewöhnlich gekleidete junge Leute, spotten konnte und sich über die *merveilleux*, die eleganten Herren aus der Zeit des Direktoriums, lustig machte. Es wurden zwölf Verwaltungsbezirke geschaffen, die späteren *arrondissements*. In dieser allgemeinen Gleichgültigkeit gelang Bonapartes Staatsstreich. Er ergriff 1799 die Macht. Im Jahr 1804 proklamierte er sich als Napoleon I. selbst zum Kaiser und krönte sich in Notre-Dame.

50 LINKS Schon 1805 hatte Napoleon ein Auge auf den Louvre geworfen, um dort die Erinnerungsstücke an seine Eroberungen auszustellen. Aus diesem Anlass liess er ihn teilweise renovieren.

50 RECHTS Die von Napoleon aufgestellte Säule am Place Vendôme wurde 1871 zerstört und 1873 restauriert.

51 OBEN 1814 stand Paris den englischen, russischen und österreichischen Heeren, die sich gegen Napoleon zusammengeschlossen hatten, gegenüber. Aber die Schlacht ging verloren: Der Stern des Kaisers war untergegangen.

51 UNTEN Am 27., 28. und 29. Juli 1830 erhoben sich die Pariser gegen den Machtmissbrauch des Königs Karl X.

52-53 Charles Garnier erbaute die Opéra, die noch heute das grösste Theater der Welt ist, zwischen 1862 und 1874.

DIE HAUPTSTADT DES *EMPIRE*

Die Kriege flammten wieder auf. Napoleon plünderte Europa und stellte die erbeuteten Schätze im Louvre aus, damit die Pariser sie bewundern konnten. Unter seiner Regierung entwickelte sich die Stadt in großem Stil, obwohl wirtschaftliche Rezession und die Finanzierung kostspieliger Militäroperationen die ehrgeizigen Bauprojekte oft unterbrachen: Die Börse, der Triumphbogen, der Place de l'Etoile und die Madeleine wurden erst unter Napoleons Nachfolgern fertiggestellt. Napoleon widmete der Stadt die Erinnerungen an seine Siege: die Colonne Vendôme, die Brücken Saint Louis, Austerlitz und Iéna sowie die Rue de Rivoli. Es entstanden auch die ersten überdachten Einkaufspassagen, Passages du Caire und des Panoramas, und die Häuser erhielten eine systematische Nummerierung. Im Jahr 1813 gelang es Napoleon nicht, die Invasion des Landes zu verhindern. Im darauf folgenden Jahr schlugen die Kosaken auf den Champs-Elysées ihr Lager auf und hinterließen Paris eines der populärsten Worte, nämlich „Bistrò"!

Im Jahr 1821 starb Napoleon auf der Insel St. Helena, aber erst 1840 kehrten seine sterblichen Überreste nach Paris in den Invalidendom zurück.

Im Jahr 1814 wurde die Monarchie wieder eingeführt. Zu den ersten Handlungen von Ludwig XVIII. zählte der Bau eines Monuments in Erinnerung an Ludwig XVI. Dann setzte sich der Herrscher für Ordnung in der Stadt ein. Aber weder er, noch sein Nachfolger Karl X. kümmerten sich um das Erscheinungsbild der Stadt oder kontrollierten die Bautätigkeiten. So konnte sich das private Bauwesen fulminant entwickeln und die ersten Bankgebäude wurden errichtet. Paris erhielt gefällige Bauten und kleine, von Gärten umgebene Häuser. Die Viertel Beaujon, de l'Europe und Saint Georges entstanden.

Zwei unterschiedliche Gesellschaften waren miteinander konfrontiert. Das feine, traditionelle Bürgertum einerseits war verwurzelt in seinen Privilegien und in den Schoß der Monarchie zurückgekehrt, flankiert von den *nouveaux riches*, der neuen, raffgierigen, von Zola so treffend beschriebenen Bourgeoisie, die unter Ludwig Philipp Triumphe feierte. Andererseits drängten sich im Stadtzentrum die Schicht des bescheidenen Beamtentums und das im Elend lebende, von Eugène Sue und Victor Hugo beschriebene Proletariat. Saint-Méri und die Ile de la Cité waren Schlupfwinkel, wo Alkoholismus, Prostitution und Verbrechen um sich griffen und Tuberkulose und Syphillis tobten. Im Jahr 1832 forderte die Choleraepidemie 44.000 Opfer, von welchen achtzig Prozent ihre letzte Ruhestätte in Massengräbern fanden.

Das Volk der Verzweifelten rebellierte aufs Neue und ging mit Knüppeln auf die Straße, um sein Recht einzufordern. Im Jahr 1830 kam es zur Revolution der *trois glorieuses*, der „drei siegreichen Tage" des 27., 28. und 29. Juli. Die Namen der Opfer wurden in die Säule der Bastille eingemeißelt.

53 OBEN LINKS Charles Garnier (1825-1898) war zur Eröffnungsvorstellung in der Opéra nicht eingeladen. Er musste für seinen Platz 120 Francs bezahlen.

53 OBEN RECHTS Dieses monumentale Portal der Opéra war vorgesehen, um es Napoleon III. zu ermöglichen, die Künstler (sehr diskret) zu begrüssen.

53 UNTEN Die Haupttreppe der Opéra ist ein kleines Wunder architektonischer Technik. Sie „schwebt" in der Haupthalle und ist 18 Meter hoch.

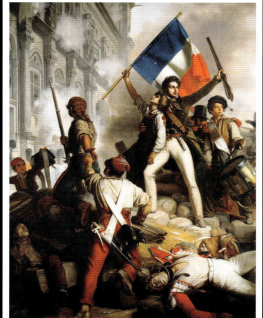

EINE NEU GESTALTETE STADT

54 LINKS NAPOLEON III. LIESS DEN LOUVRE VOLLENDEN, DER SEIT DER ZEIT VON PHILIPP AUGUST, 1204, EINE BAUSTELLE GEWESEN WAR.

54 RECHTS SEIN HEUTIGES GESICHT VERDANKT PARIS BARON HAUSSMANN (HIER MIT NAPOLEON III.). AB 1853 WAR ER MIT DER STADTPLANUNG BEAUFTRAGT UND MACHTE PARIS ZU EINER MODERNEN, LUFT DURCHFLUTETEN STADT.

54-55 PARIS 1867 AUS DER VOGELPERSPEKTIVE ANLÄSSLICH DER ERÖFFNUNG DER WELTAUSSTELLUNG, DER ERSTEN, DIE AUF DEM MARSFELD STATTFAND. DAS EREIGNIS ZOG ELF MILLIONEN BESUCHER AN, DARUNTER AUCH ZAR ALEXANDER II. UND KAISER WILHELM I. VON PREUSSEN.

Napoleon III. betrat die Bühne und verlieh Paris unter der Zweiten Republik ein ganz neues Gesicht. Unglaublich schnell bauten Alphand, Belgrand und Haussmann Paris wieder auf und machten es zu einer modernen Hauptstadt. Sie rissen die verseuchten Viertel ab, bauten die breiten Boulevards Sébastopol, Saint-Michel, Magenta und Saint-Germain, restaurieren die Rue de Rivoli; die Straßen wurden gepflastert und mit von Bäumen gesäumten Bürgersteigen versehen. Die Cité wurde praktisch eingeebnet und völlig neu bebaut: Es entstanden überall herrliche Steinhäuser mit gemeißelten Fassaden. Baltard realisierte die neuen Bahnhöfe Gare de l'Est und Gare du Nord sowie die großen *Halles* des zentralen Marktes, Metallhallen von unglaublicher Leichtigkeit.

Die ersten großen Kaufhäuser eröffneten: le Bon Marché, les Trois Quartiers, le Printemps und la Samaritaine. Garnier begann mit dem Bau der Opéra und Violet Leduc schloss die Restaurierung von Notre-Dame ab. Paris erstrahlte im Licht der Lampions, zunächst mit Gas betrieben, dann, 1878, mit elektrischem Strom. Unter den entzückten Rufen einer – geblendeten – Bevölkerung erstrahlte auf der Place de l'Opéra das erste „magische Licht".

Der Bois de Vincennes, der Bois de Boulogne, der Buttes-Chaumont, der Parc Monceau und die Parcs Montsouris waren die ersten grünen Lungen der Stadt. Père Lachaise öffnete die antiken, kleinen Friedhöfe für das Publikum. Im Jahr 1867 befuhren die ersten *bâteaux-mouches*, die charakteristischen Boote für Flussfahrten, die Seine. Im Jahr 1869 hielt Paris einen Weltrekord: Sechshundert Kilometer unterirdische Kanalisation in einer Stadt, die eine riesige Baustelle war, auf der man mit allem experimentierte.

Paris war ein in Europa einmaliges intellektuelles und künstlerisches Zentrum. Hier lebten Géricault, Lamartine, Hugo, Baudelaire, Verlaine und Daguerre, der auf dem Boulevard du Temple die ersten Fotografien machte. Paris war Schauplatz von Weltausstellungen, bei denen die europäischen Herrscher zu Gast waren. Die Champs-Elysées entwickelte sich zu einem prächtigen Boulevard, über den man flanierte, um zu sehen und gesehen zu werden.

Laut einer Schätzung von 1846 hatte Paris jetzt fast zwei Millionen Einwohner. Die Zahl der Bürger, die jünger als fünfzig Jahre waren, hatte sich verdoppelt! Das Leben war teuer, es war nicht leicht sich zu ernähren und die Lebensbedingungen der von den großen Innovationen Ausgeschlossenen waren katastrophal: 258.000 Familien ohne Einkommen. Dies erklärt, dass allein 1847 im Mont de Piété eineinhalb Millionen Pfandstücke versetzt wurden.

54 | PARIS IM LAUFE DER JAHRHUNDERTE

56 LINKS 1871 GAB ES IN PARIS CIRCA DREISSIG TAGESZEITUNGEN. DIE ZEITUNGEN DER KOMMUNARDEN WURDEN VON DER REGIERUNG IN VERSAILLES VERBOTEN UND IHRE JOURNALISTEN INS GEFÄNGNIS GEWORFEN ODER ERSCHOSSEN.

56 RECHTS DER BAU DES EIFFELTURMS WAR EINE WAHRE HELDENTAT, DIE DEN PARISERN DREI JAHRE LANG DEN ATEM RAUBTE.

56-57 AN DER WELTAUSSTELLUNG 1889 NAHMEN FAST 62.000 AUSSTELLER TEIL. NUR DIE GROSSEN, EUROPÄISCHEN MONARCHIEN GLÄNZTEN DURCH ABWESENHEIT: DER FESTGELEGTE TERMIN WAR DER HUNDERTSTE JAHRESTAG DER FRANZÖSISCHEN REVOLUTION.

DIE WELTAUSSTELLUNG

1870 war das Jahr der Niederlage gegen Preußen. Nachdem Napoleon III. geschlagen wurde, schloss die Regierung unter Thiers einen Pakt mit dem Feind, der Paris umzingeln und bombardieren sollte, aber zunächst hielt die Stadt stand. Der Winter war hart und bald hungerten die Pariser. Die exotischen Tiere des Jardin des Plantes wurden mit Gold aufgewogen; Katzen, Hunde, Ratten und Vögel waren das tägliche Brot der Glücklicheren.

Am 1. März kapitulierte die Stadt und die Preußen paradierten auf den Champs-Elysées. Die todgeweihte Stadt litt unter schrecklichen Entbehrungen, bis sich 1871 Arbeiter, Handwerker und kleine Unternehmer in einem verzweifelten Versuch erhoben, um in die Geschichte einzugreifen wie es die Sansculottes bei der Revolution getan hatten.

Es kam zum Aufstand der Pariser Kommune. Föderierte und Kommunarden zündeten das Hôtel de Ville und die Tuilerien an und bildeten eine Stadtguerilla gegen die von Thiers aus Versailles entsandte Armee. Die Bilanz: 40.000 Opfer innerhalb einer Woche, fünftausend Kommunarden wurden in die Kolonien oder zur Zwangsarbeit nach Cayenne deportiert. Die Hälfte der qualifizierten Arbeiter floh aus der Stadt und suchte ihr Glück in den südlichen Provinzen.

Bis zur Wahl des Präsidenten Jules Grévy 1876 blieb das bezwungene Paris belagert.

„Volk von Paris, du schläfst nur mit einem Auge", schrieb Zola. Wie wahr! Im Jahr 1890 gingen die Arbeiter, die wegen der neuen sozialistischen Ideen beunruhigt waren, auf die Straße. Sie forderten – und erhielten – den Achtstundentag.

Die Zeit verging und Paris vergaß die Aufstände bald. Das neue Jahrhundert nahte.

Im Jahr 1889 wurde Sadi Carnot Präsident und eröffnete die Weltausstellung, die zum Bau des berühmtesten Wahrzeichens der Stadt führte: Gustav Eiffel erbaute den Eiffelturm, um das Jahrhundert der Revolution zu feiern.

Zur Grande Expo von 1900 entstanden das Grand und das Petit Palais, die Pont Alexandre III. und die *métro*, die Untergrundbahn.

58 Der dreihundert Meter hohe Turm, Symbol für die Eisenzeit, wurde von Gustave Eiffel zwischen Januar 1887 und März 1889 erbaut. Er war die Hauptattraktion der Weltausstellung 1889. Oft war er von Zerstörung bedroht, doch heute ist er das eigentliche Symbol von Paris…

59 Oben Die ersten Filme der Brüder Lumière ließen die Leute lachen (Der begossene Giesser) und ängstigten sie… Die Besucher der „Ankunft des Zuges" flohen verstört aus dem Zuschauersaal, denn sie waren sicher, dass der Zug aus der Leinwand herausfahren und sie zermalmen würde.

59 Unten links Henri de Toulouse-Lautrec, Freund von van Gogh und allen damals berühmten Halbweltdamen, wurde 1891 mit diesem Plakat für das Moulin Rouge berühmt, wo allabendlich La Goulue auftrat.

59 Unten rechts Die schöne Otero, Star der Belle Époque, war die berühmteste Dame in der Geschichte der „Halbwelt", der zwielichtigen Gesellschaft dieser Zeit. Alle sprachen über ihre Vorzüge, aber sie war die grosse Liebe von Aristide Briand. Im Alter von 97 Jahren starb sie in Nizza.

Zu Beginn des 20. Jahrhunderts war Paris ein kosmopolitisches kulturelles Zentrum und empfing Gäste aus der ganzen Welt. Die Zeit der *belle époque* brach an. Paris wurde zur Welthauptstadt der Künste und der Mode. Maler, Schriftsteller, Architekten, Musiker, Dichter und Philosophen trafen sich auf dem Montmartre und dem Montparnasse, darunter Braque, Vlaminck, Kupka, Juan Gris… Die Impressionisten, die *fauves* und die abstrakten Maler genossen hohe soziale Anerkennung. Toulouse-Lautrec ließ sich von den Tänzerinnen des Moulin Rouge inspirieren, Picasso malte die *Demoiselles d'Avignon*, die den Kubismus einleiteten, und Mucha zeichnete die ersten Plakate für Sarah Bernhardt, die sich auf dem Gipfel ihres Ruhms befand. Die Literatur erreichte ihren Höhepunkt.

Apollinaire, Max Jacob, Mac Orlan und Hector Guimard experimentierten mit dem *nouille*-Stil, Typ *art nouveau*. Er errichtete gekünstelte Bauwerke, darunter das berühmte Castel Béranger in der Rue Lafontaine, über die das Volk damals lachte, die aber heute unter Denkmalschutz stehen.

Auguste Perret erbaute das wundervolle Theater an den Champs-Elysées und im Jahr 1895 zog die erste Kinovorstellung im Grand Café die Massen an. Die Brüder Lumière eröffneten am Boulevard Saint-Denis das erste Kino, dann folgten die Studios von Léon Gaumont auf dem Buttes-Chaumont und 1911 der ersten von allen großen Kinokomplexen auf der Place Clichy: der Gaumont-Palast mit 3400 Plätzen.

Die erste telegrafische Verbindung zwischen Eiffelturm und Panthéon stammt aus dem Jahr 1898 und rettete den Turm vor der Zerstörung, denn er entpuppte sich als exzellente Antenne! Im selben Jahr baute Louis Renault in Billancourt das erste Auto und 1914 arbeiteten viertausend Menschen in seinen Werkstätten, die sich auf dem gesamten Ilot Séguin erstreckten. Der erste Autosalon 1895 in den Tuilerien war derart überfüllt, dass es hunderte von Verletzten gab.

Paris war eine unersättliche *Gargantua* und nahm immer mehr Menschen auf. Zuerst kamen Leute aus der Auvergne, die bald den Beinamen *bougnats* – Köhler – erhielten und sich auf den Verkauf von Brennholz und die Leitung der *bistros*, der Kneipen, spezialisierten. Dann folgten Bretonen, Italiener und Deutsche. Diese schillernde Zeit war aber auch gezeichnet von den großen Migrationen in die *zones*, die Vorstädte, die am äußersten Stadtrand entstanden, wie Saint-Ouen, la Villette und Montreuil. Es kam die Zeit der *fortifs*, der „Befestigungen". Man sprach *argot*, einen von den jungen Stadtbewohnern erfundenen Dialekt, und die Bürger strebten in die Tanzsäle in Lape oder Echaudettes.

60 UNTEN August 1914. Der Krieg wurde erklärt und Gallieni machte Paris zu einer Festung. Schützengräben wurden an den Toren von Paris ausgehoben und die wichtigsten Bauwerke, hier der Triumphbogen am Carrousel, wurden geschützt.

61 OBEN 11. November 1918. Es herrschte Waffenstillstand und das Fieber bemächtigte sich der Strassen von Paris. Das Volk erwies den Alliierten seine Ovationen und schwenkte die französischen, englischen und amerikanischen Flaggen.

61 UNTEN Ende 1920 nahmen die Pariser bewegt an der Überführung der Urne ins Panthéon teil. Darin ruhte das Herz von Léon Gambetta. Er war der Politiker, der fünfzig Jahre zuvor die 3. Republik ausgerufen und so das Ende des von Bonaparte errichteten *Empire* besiegelt hatte.

60 OBEN LINKS Paris bereitete sich auf den Krieg vor. Gallieni liess jede Art von Lebensmitteln in die Stadt bringen: Mehl, Holz zum Heizen und auch Wein, dessen Fässer die Uferpromenade von Bercy verstopften.

60 OBEN RECHTS 14. Juli 1919. Clémenceau liess auf dem Rund der Champs-Elysées die von den Deutschen erbeuteten Artillerieteile auftürmen. Einige Zuschauer kletterten hinauf, um die Siegerparade der Alliierten zu beobachten.

DAS ENDE DER BELLE ÉPOQUE

Der Erste Weltkrieg unterbrach jäh die *belle époque*. Die deutsche *Dicke Bertha* bombardierte Paris und der Himmel füllte sich mit Zeppelinen. Die städtischen Taxis brachten die Soldaten an die Front an der Marne und die Frauen übernahmen die Aufgaben der Männer, fuhren die Straßenbahnen oder arbeiteten bei Renault und Citroën. Die Hauptstadt entwickelte sich zu einem bedeutenden Wirtschaftszentrum, das fast ausschließlich der Kriegsindustrie diente. Paris hungerte, Paris fror, und als seien die Leiden, die alle Kriege begleiteten, nicht genug, traf auch noch eine Virusinfektion die Stadt: Die Spanische Grippe raffte innerhalb weniger Tage zweitausend Menschen dahin.

Schwankend, von Rationalisierungen betroffen und hungrig, nahm Paris dennoch Flüchtlinge auf. Zuerst die Belgier, die versuchten vor der Invasion ihres Landes zu fliehen, dann die Polen, Rumänen, Ungarn und Russen, die vor der Oktoberrevolution 1917 flohen, und schließlich die Landbewohner aus Artois, Flandern, der Champagne und der Marne.

Die Stadt war überbevölkert, das Elend grenzenlos, man überlebte so gut man konnte. Ausgelaugt von Entbehrungen jeder Art murrte das Volk und rebellierte schließlich: Es kam zu vereinzelten Aufständen, die jedoch nicht von Dauer waren.

Erst mit dem Waffenstillstand von 1919 kehrte die Sonne zurück, als ein gigantischer Umzug die Pariser auf die Champs-Elysées zog. Im Jahr 1920 wurde unter dem Triumphbogen der Leichnam des unbekannten Soldaten beigesetzt, in Erinnerung an die Gefallenen. Anscheinend handelte es sich um einen deutschen Soldaten...

60 | PARIS IM LAUFE DER JAHRHUNDERTE

62-63 In den verrückten Jahren nach dem Ersten Weltkrieg trug die Tanzcompagnie des Folies Bergères, des historischen Pariser Lokals in der Rue Saulnier Nr. 8, sehr wirkungsvolle Kostüme. Auch die Choreografien, die von sorgsam ausgewählter Beleuchtung begleitet waren, wurden immer gewagter.

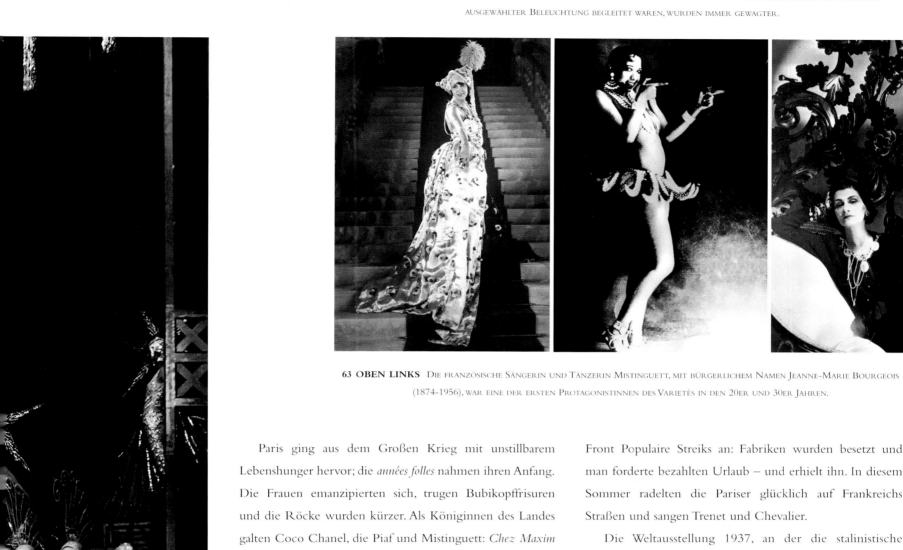

63 OBEN LINKS Die französische Sängerin und Tänzerin Mistinguett, mit bürgerlichem Namen Jeanne-Marie Bourgeois (1874-1956), war eine der ersten Protagonistinnen des Varietés in den 20er und 30er Jahren.

Paris ging aus dem Großen Krieg mit unstillbarem Lebenshunger hervor; die *années folles* nahmen ihren Anfang. Die Frauen emanzipierten sich, trugen Bubikopffrisuren und die Röcke wurden kürzer. Als Königinnen des Landes galten Coco Chanel, die Piaf und Mistinguett: *Chez Maxim* empfing Diven und gekrönte Häupter und während bei den Reichen der Champagner in Strömen floss, wärmte Rotwein die Herzen der Armen. Abstimmung folgte auf Abstimmung, Demonstration auf Demonstration und nicht selten nahmen sie ein schlimmes Ende. Im Jahr 1936 zettelte die Front Populaire Streiks an: Fabriken wurden besetzt und man forderte bezahlten Urlaub – und erhielt ihn. In diesem Sommer radelten die Pariser glücklich auf Frankreichs Straßen und sangen Trenet und Chevalier.

Die Weltausstellung 1937, an der die stalinistische Sowjetunion und das nazistische Deutschland teilnahmen, entwickelte sich zum Fiasko und ruinierte die Finanzen, hinterließ Paris aber die Palais de Chaillot und de Tokyo. Darüber hinaus blieb die vage Erinnerung, erstmals das berühmte Bild *Guernica* von Picasso gesehen zu haben.

63 OBEN MITTE Mitte der 20er Jahre betrat die amerikanische Tänzerin und Sängerin Joséphine Baker (1906-1975) erstmals die Bühne des Folies Bergères und wurde schnell zum Idol des Pariser Publikums.

63 OBEN RECHTS Der unverwechselbare von Coco Chanel, der unvergesslichen „Mademoiselle" der französischen *haute couture*, kreierte Stil liegt auch heute noch im Trend: „Mode vergeht, Stil besteht" war ihr berühmtester Satz.

63 UNTEN Mistinguett – Schauspielerin, Sängerin und Tänzerin, Star der Pariser Zeitschriften am Anfang des 20. Jahrhunderts – hier in einer ungewöhnlichen Pose in einer Szene eines Films von Georges Méliés, einem Vorreiter der Science-Fiction-Filme.

PARIS IM LAUFE DER JAHRHUNDERTE | 63

64 OBEN 13. Juni 1940. Paris, eine offene Stadt. Die deutschen Truppen zogen im Gänsemarsch über die Champs-Elysées. Zwei Tage später wurde in Rethondes das Waffenstillstandsabkommen unterzeichnet.

64 UNTEN 23. Juni 1940. Hitler besuchte Paris, die Invaliden, das Grab Napoléons, den Eiffelturm und den Trocadéro. Vichy war die neue Hauptstadt Frankreichs, das nun von Marschall Pétain regiert wurde.

65 OBEN LINKS 25. August 1944. Paris erhob sich. Überall in der Stadt kam es zu Unruhen. Die Aufständischen griffen zu den Waffen, um sich gegen die Panzer von General Leclerc zu verteidigen. General von Choltiz unterzeichnete für Deutschland die Kapitulation.

Im Jahr 1938 lebten in Paris über drei Millionen Menschen. Sie tanzten Charleston auf dem Vulkan, der 1939 ausbrach. Die Stadt stürzte in die *drôle de guerre*, den „seltsamen Krieg".

Die Hauptstadt, die 1940 von den Deutschen besetzt wurde, erfuhr die üblichen Entbehrungen, Bombardierungen und Demütigungen. Sie erlebte die schändlichen Statuten für Juden und die Schmach der Polizei, die bei der Razzia im Vélodrôme d'Hiver mithalf. Der Widerstand formierte sich – trotz der Verhaftungen, der Folterungen und der Schnellexekutionen. Das misshandelte, verspottete und geknebelte Paris stimmte mit zusammengebissenen Zähnen die Marseillaise und die Pariser Lieder an, wenn die Gestapo vorbeimarschierte. Das mutige Paris rettete durch tausende anonyme Aktionen die Juden vor dem Abtransport nach Auschwitz. Im koketten Paris malten sich junge Damen Nähte auf nicht vorhandene Strümpfe, die Modeschöpfer Jacques Fath und Christian Dior erfanden Kunsttextilien aus Pflanzenfasern, und das frondistische Paris veröffentlichte heimlich Sartre und Camus.

Dank des deutschen Militärkommandanten von Choltiz wurde Paris nicht niedergebrannt. Am 24. August 1944 zog General Leclerc in Paris ein. Die befreite Stadt begrüßte jubelnd die amerikanischen Soldaten sowie General De Gaulle, der am nächsten Tag, von eineinhalb Millionen Menschen frenetisch gefeiert, die Champs-Elysées entlang marschierte.

65 OBEN RECHTS 29. August 1944. Paris war befreit. Ein deutscher Luftangriff hatte zweihundert Menschen das Leben gekostet, und einige deutsche Soldaten hatten versucht, einen Demonstrationszug der Pariser aufzuhalten, der sich zum Rathaus bewegte. Sie wurden von der entfesselten Menge getötet.

65 UNTEN 29. August 1944. Die befreiten Pariser strömten auf die Champs-Elysées und empfingen General de Gaulle als Sieger. Er ging zu Fuss von Notre-Dame zum Arc de Triomphe, doch die deutschen Bombardierungen dauerten an, und wieder gab es 189 Tote in der Hauptstadt.

PARIS IM LAUFE DER JAHRHUNDERTE | 65

66 Als letzter Humanist unterstützte 1968 Jean-Paul Sartre die maoistische Fraktion der Protestierenden, obwohl er zur Linken ein recht gestörtes Verhältnis hatte, denn sein marxistischer Existenzialismus war für die Kommunisten nur schwer verdaulich.

67 Oben Paris, das aus alter Tradition an Volksaufstände gewöhnt war, erhob sich im Mai 1968. Die Unruhen, die in diesen Tagen an vielen Orten weltweit herrschten, erreichten in der französischen Hauptstadt ein besonders alarmierendes Ausmass.

67 Unten Am 7. Mai 1968 griffen die gefürchteten CRS, Compagnies Républicaines de Sécurité, die Demonstranten in den Strassen der Hauptstadt auf. Die Welt war über die Ereignisse in Paris schockiert: mit der damaligen Sichtweise erschien es unmöglich, dass im bürgerlichen Herzen Europas eine derartige Gewalt entstehen konnte.

Paris war siegreich und ungestüm und zur Zeit der Säuberungen oft ungerecht. Doch – wie immer – erholte es sich. In Saint-Germain-des-Prés, in den Jazzzirkeln *Tabou* und *Rose Rouge*, in den beliebten Cafés *Deux Magots* und *Flore* erfand man eine neue Lebensart. Der Existenzialismus hatte seine Päpste, nämlich Greco, Vian, Sartre und Beauvoir. Paris war ein großes Festival, aber dann kam das Fernsehen und veränderte die Lifeaufführungen. Im Jahr 1949 wurde, exklusiv für die Hauptstadt, die erste Nachrichtensendung ausgestrahlt. In der Stadt fingen damals 1794 tragbare Schwarz-Weiß-Fernseher die flüchtigen Bilder ein.

Nach dem Krieg folgte der Wiederaufbau und Paris war, verglichen mit den meisten europäischen Großstädten, bereits in Verzug. Man begann mit dem Abriss von 100.000 gesundheitsschädlichen Behausungen. Eine neue Architektengeneration wurde beauftragt, eine moderne Stadt zu schaffen, die als Hauptstadt Frankreichs aus der Isolation heraustreten und nach außen offen sein sollte. Man verbesserte die Verkehrswege. In Rekordzeit entstanden eine Umgehungsstraße, Autobahnen und Flughäfen. Türme und Neubauten schossen aus dem Boden: Montparnasse, Front de Seine, die Viertel Flandres, Italie, La Défense, der Palais des Congrès an der Porte Maillot und das Maison de la Radio, das sofort den Beinamen „le Camembert" erhielt.

Im Jahr 1969 begann der Bau des Centre Beaubourg, das an der Stelle des Marché des Halles entstand, der später nach Rungis verlegt wurde.

In Paris regierte der Gigantismus, besonders unter Präsident Georges Pompidou, der Paris seinen *bétonné*-Stil hinterließ („einwandfrei" aber doch „zementiert") und vor allem deshalb abgelehnt wurde, weil er Paris einen Teil seiner Seele nahm. Man „rehabilitierte" und „renovierte", oft ohne die Bewohner zu fragen. Diese entschlossenen Pariser machten über Monate mobil, blockierten die Rue d'Alésia und hinderten die Bulldozer daran, die vielgeliebte Cité des Plantes zu zerstören. Die Mietpreise zwangen die ärmeren Schichten dazu, an den Stadtrand zu ziehen, wo riesige Wohnblöcke entstanden, – Schlafstädte, die zum Brennpunkt des Protests und der Gewalt werden sollten.

Zwischen 1945 und 1968 erlebte die Hauptstadt verschärft die Kapriolen nationaler und internationaler Politik. Ab 1950 stand Algerien im Zentrum der Besorgnis. Viele Söhne verließen Paris in Richtung der fernen *gebel*, viele sollten nicht zurückkehren. In den 1960er Jahren flammten sporadisch anti-algerische Demonstrationen auf, die – je nach Bedarf – von den Machthabern niedergeschlagen oder organisiert wurden. Die Stadt war nicht mehr sicher und eine Ausgangssperre wurde verhängt. Die OAS (Organisation der Geheimarmee) terrorisierte die Bevölkerung mit blutigen Aktionen. Im Jahr 1969 endete der Algerienkrieg. Der Exodus der *pieds noirs*, der „algerischen Franzosen" auf der Flucht aus Algerien überschwemmte das Quartier Sentier. In Paris herrschte eine außergewöhnliche ethnische Mischung, die sich noch verstärken sollte. Heute ist nur noch einer von vier Parisern auch in Paris geboren.

„Wenn Paris niest, putzt sich Frankreich die Nase", behauptete General De Gaulle. Im Jahr 1968 musste die Hauptstadt niesen, als an den Universitäten Nanterre und Sorbonne ein Aufruhr ausbrach. Im Quartier Latin wurden Barrikaden errichtet, vor denen sich Studenten Straßenschlachten mit der Polizei lieferten. In Frankreich hielt die Zeit an: Flugzeuge flogen nicht mehr, öffentliche Verkehrsmittel und Züge standen still, die Läden waren leer. Aber die Pariser sangen und tanzten in den Höfen der Fabriken.

Paris ging einmal mehr unbeschadet, wenn auch mit sichtbaren Spuren aus einem Konflikt hervor, doch die Lebenslust und die Energie seiner Bewohner blieben ungebrochen.

66 | Paris im Laufe der Jahrhunderte

68 LINKS Das von Renzo Piano und Richard Rogers entworfene Centre Pompidou wurde 1977 eingeweiht. Trotz der anfänglichen Polemik gewöhnten sich die Pariser an die „Kulturfabrik", die seit ihrer Eröffnung von mehr als 150 Millionen Menschen besucht wurde.

68 RECHTS 1989. Paris feierte mit viel Pomp den 200. Jahrestag der Französischen Revolution. Der Arche de la Défense wurde am 13. Juli eingeweiht und von der Terrasse aus genossen die 17 zu den Feierlichkeiten geladenen Staatschefs eine einmalige Aussicht auf Paris.

68-69 Jacques Chirac, Bürgermeister von Paris, präsentierte das Modell des neuen Quartier Beaubourg, wo die alten Markthallen abgebaut wurden. Die meisten Händler siedelten sich auf dem Grossmarkt im fern vom Zentrum gelegenen Rungis wieder an.

Im Jahr 1977 wurde Paris eine Kommune, bekam 21 Verwaltungsbezirke und Jacques Chirac wurde Bürgermeister. Im Jahr 1981 wählten die Franzosen François Mitterrand – ohnegleichen unterstützt von einer Volksbewegung – zum französischen Präsidenten. Drei Millionen Pariser feierten dies spontan, drängten mitten in der Nacht auf die Straßen und veranstalteten an der Bastille einen gigantischen Ball.

François Mitterrand begann mit den *grands travaux* – Skeptiker nannten sie „pharaonisch". Im Gare d'Orsay entstand das Museum Quai d'Orsay, das von dem Italiener Gae Aulentis ausgestattet und restauriert wurde. Die Grande Arche, die Pyramide des Louvre, die Opéra Bastille, das Quartier Bercy und die Bibliothèque sind zweifellos große Werke, doch sie trafen nicht immer auf das Wohlwollen der Pariser.

Es gibt viele Projekte: Von heute bis 2010 sind nicht weniger als fünfhundert in Arbeit, darunter die Neugestaltung der Place de la Concorde, der Bau des Centres de Commerce Internationaux in Bagnolet und Plaine Saint Denis, die Sanierung der alten Siedlungen von Bobigny, Nanterre und Levallot-Perret, der Bau des dritten Pariser Flughafens, die Errichtung von zwölf Sportanlagen mit Blick auf die Olympischen Spiele, welche die Stadt für 2008 zu erhalten hofft. Eine neue Schiffsanlegestelle „Paris sur Seine" in Issy-les-Moulineaux, die totale Neuordnung des Autoverkehrs im Stadtgebiet, neun Bahnhöfe für die Hochgeschwindigkeitszüge (TGV), die ab 2005 mit über 300 km/h die meisten europäischen Großstädte verbinden sollen, zählen ebenfalls dazu.

Die Morgendämmerung des Jahres 2000 zog in Paris herauf. Der Eiffelturm erstrahlte im Licht der aus tausend Lampen bestehenden neuen Illumination, die ein Computer entwickelt hatte. Ein *bâteau-mouche* schaukelte auf der Seine mit Gästen, die hier den Jahreswechsel feierten. Es schwamm durch Paris in die Zukunft und durch zwei Jahrtausende Geschichte.

68 | PARIS IM LAUFE DER JAHRHUNDERTE

DIE BAUTEN VON PARIS

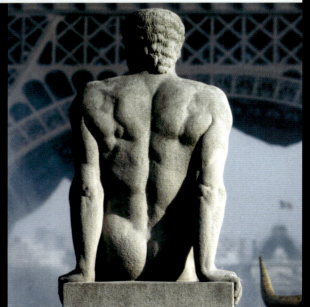

70 VON LINKS NACH RECHTS Die Kuppel der Opéra Garnier; die Pyramide des Louvre; eine Statue in den Jardins du Trocadéro; der Strawinsky-Brunnen in Beaubourg.

71 Groteske dämonische Wasserspeier bevölkern Notre-Dame de Paris.

72 Der Triumphbogen erhebt sich am Place de l'Étoile, wo zwölf der grössten Avenues zusammenlaufen.

73 LINKS UND RECHTS Die schönsten Giebel und Fassaden des Louvre sind das Ergebnis der von Napoleon III. in der zweiten Hälfte des 19. Jahrhunderts durchgeführten Instandsetzungen.

ARCHITEKTUR UND STIL
EINER WELTSTADT

Der Schriftsteller Alberto Moravia sagte einmal, es sei ebenso dumm nach Paris zu fahren, ohne seine Monumente zu besuchen, wie es töricht sei in eine Konditorei zu gehen, wenn man gerade eine Diät macht!

Das ist wahr, jedoch wäre es ein gigantisches Vorhaben, alle historischen Gebäude in Paris zu besichtigen! Seit über zweitausend Jahren wird hier gebaut, und Paris ist neben Rom weltweit die Stadt mit der größten Anzahl an historischen Bauwerken, – nämlich viertausend!

Man verliert sich in dem Dschungel aus Daten und Ereignissen, die zur Entstehung des heutigen Paris beitrugen. Man bringt leicht alles durcheinander: die Könige, die Kaiser, die Epochen und die Gebäude. Und wie sollte man von weitem und ohne Führer die Kuppeln des Panthéon, des Observatoire, des Invalidendoms, der Académie Française oder der Galéries Lafayette unterscheiden?

In der Geschichte von Paris wechseln starke und schwache Perioden einander ab, tragische und glückliche Ereignisse zeichnen seine Mauern für alle Zeiten ebenso wie der Größenwahn der Fürsten, die mit ihren Palästen und Kirchen ihre Spuren im weichen Wachs der flüchtigen Zeit hinterlassen wollten.

Weniger sichtbar ist das Elend der Ärmsten, die nur sehr selten etwas zur Anordnung der Plätze zu sagen hatten. Die Monumente wurden errichtet, um der Zeit zu trotzen und den zukünftigen Generationen ein Erbe zu hinterlassen. Aber die schiefen Häuser aus Schlamm und Stroh waren, kaum erbaut, schon dem Verfall bestimmt. Vom antiken, gallisch-römischen Lutetia findet man in Paris noch eindrucksvolle Überreste, wie die Thermen von Cluny und die Arena. Vom gallischen Volk blieb nur das älteste Pariser Haus in der Rue Volta Nummer 3 erhalten, das auf das Jahr 1292 zurückgeht. Die zahlreichen Veränderungen und der Verfall des Hauses seit dem 13. Jahrhundert lassen nur noch erahnen, wie sich das Leben seiner Bewohner im Mittelalter gestaltete. Sollte es jedoch ganz verfallen, so haben die Historiker schon einen Nachfolger ausgesucht: das Haus von Nicolas Flamel in der Rue Montmorency, das 1407 erbaut wurde.

Doch die Vergangenheit lastet nicht auf Paris. Es genügt das, was wir sehen, mit den Augen derjenigen zu betrachten, die es vor einigen Jahrhunderten sahen.

Im übrigen ist der Boden, auf dem man in Paris flaniert – wie in Rom, einer Art Zwillingsschwester – nicht stabil. Der Montmartre zum Beispiel, ein Hügel mit heute geschlossenen Höhlen, glich lange Zeit unter der *butte*, dem Hügel, einem riesigen Maulwurfgang. Eben dieser Umstand bewahrte Paris vor hohen Häusern, denn der Untergrund war für ihre Konstruktion nicht fest genug.

Ein weiteres Beispiel ist Notre-Dame de Paris. Als man dort jüngst eine Tiefgarage errichten wollte, stellte man fest, dass es hier bereits vor der Eroberung durch Caesar eine Stadt gegeben haben muss, vielleicht von den Merowingern. Im Untergrund existieren noch Mauerreste, Kapitelle, Keramiken, Ornamente und Knochen, die nach und nach von den Generationen mit Schutt bedeckt oder bei den denkwürdigen Überschwemmungen der Seine von Schlammablagerungen verschluckt wurden.

75 Neun elegante Paläste aus dem 17. Jahrhundert bilden den Abschluss der perfekten, einzigartigen Diagonale des Gartens in der Mitte des Place des Vosges. Dieser Platz ist einer der bewundertsten in der Welt.

Da jede Epoche in Paris ihre Spuren hinterließ, besitzt es nicht einen ganz bestimmten Stil wie beispielsweise Chicago, London oder Athen. Paris ist das Ergebnis der mehr oder weniger kurzlebigen Stile derjenigen, die es schufen, vorausgesetzt ihre Bauwerke widerstanden – oft zufällig – dem Zahn der Zeit und den Schaufelbaggern. Und somit ist Paris eine Stadt der Widersprüche, die sich gegenseitig widerspiegeln, als stünden sie sich Rede und Antwort, und die auf überraschendste Weise für architektonische Abwechslung sorgen. Von unten gesehen ist der Turm des Montparnasse ein grauer Monolith, aufgestellt mitten in einem Viertel, mit dem er nichts zu tun hat, und das für seine Errichtung teilweise zerstört wurde. Von oben betrachtet, ist er ein perfekt platzierter Strahl, eine Spitze, die aus der Ferne mit dem Eiffelturm, den Säulen der Place Vendôme, der Bastille, dem Triumphbogen auf den Champs-Elysées, dem Turm Saint-Jacques, dem Arche de La Défense, Sacré-Cœur, dem Front de Seine und den Wolkenkratzern auf der Place d'Italie korrespondiert.

Die Architektur von Paris fügt sich in Zeit und Raum ein. Die Zeit ist der Zement der Geschichte. Sie verbindet die Steine der Vergangenheit mit dem Stahl und dem Glas unserer Tage. Der Raum ist der ewige Himmel über Paris, den nur der Horizont begrenzt, und in den die Türme der Kathedralen wie Finger aufragen, als wollten sie die Götter auf sich aufmerksam machen.

Und zwischen beiden fließt ein Fluss, der mit seinen Schleifen Paris mit der elegantesten aller Schriftzüge schmückt.

Deshalb ist Paris zauberhaft. Zauberhaft und erschreckend. Wo auch immer man sich in dieser Stadt befindet, blicken das Unvergängliche und das Vergängliche sich tief in die Augen. Verglichen mit der Dimension der Zeit sind die Kapriolen der Geschichte nur Anekdoten. Die Besetzung des Raumes bleibt für das unendliche Universum ohne Folgen.

Und es kann einen zu Tränen rühren, zu tiefen Emotionen, wenn an einem Sommermorgen die Sonne die strenge Fassade der Conciergerie geradezu liebevoll erhellt. Vergessen sind die Revolution und das schmerzvolle Schicksal der Marie Antoinette. Man ist einfach nur gefangen in der Einheit von Ort und Augenblick, von Zeit und Raum. Man

fühlt ein perfektes Gleichgewicht zwischen Vergangenheit, Gegenwart und Zukunft, zwischen dem, was wir sind und sein könnten – wir, die wir bescheiden dem Unerreichbaren hinterherlaufen.

Der Rest ist nur Geschriebenes.

Die Monumente setzen in Paris Zeichen und diese grenzen nicht nur die Pariser Geschichte ein, sondern auch das tägliche Leben der Pariser. Ist beispielsweise eine Adresse schwer zu finden, orientiert sich der Taxifahrer an einem Monument in der näheren Umgebung. Hinter oder vor dem Observatoire, direkt neben der Kirche Saint-Paul? Oder er fragt: „Möchten Sie lieber über den Place de l'Etoile oder über den Place de la Concorde fahren?"

Die Pariser, die ihre Stadt vergöttern, sind davon überzeugt, dass die Bauten seit undenkbaren Zeiten hier stehen. Auch in ihren schlimmsten Träumen können sie sich nicht vorstellen, diese könnten eines Tages verschwinden. Und dennoch bestand dieses Risiko im Augenblick der Befreiung durch die Alliierten.

Die Monumente in Paris wären austauschbar, doch war ihre Baugenehmigung stets an die Gegebenheiten eines jeden Quartiers gebunden. Die Place des Vosges ist dafür ein perfektes Beispiel. Der in seinem Quadrat eingeschlossene, von eleganten und würdevollen Häusern gesäumte Platz entstand nicht zufällig im Quartier Marais. Franz I. hatte den Einfall, am Stadtrand, auf der ursprünglichen Place Royale, ein Residenz- und Adelsviertel zu errichten, wo die Funktionäre des Hofes luxuriös wohnen sollten. Heinrich VI. vollendete das Werk, forderte aber, dass in den Privatresidenzen die Erdgeschosse unter den Laubengängen für Läden reserviert blieben, wodurch praktischerweise die Fußgänger vor Regen und Wind geschützt waren. In der Umgebung ließ er dann ein Volks- und Handelsviertel errichten. So beabsichtigte er, die Stadtbewohner zu zwingen, sich am Rive Gauche anzusiedeln. Als guter Immobilienmakler veranlasste Heinrich IV. die Pariser dazu, ihre ewige Ile de la Cité zu verlassen. Karussells und organisierte Turniere auf dem zur Arena umfunktionierten Hauptplatz zogen die Menschen an. Diese Wettkämpfe zwischen hochrangigen Rittern waren besonders beim Volk sehr beliebt.

76 Der Gebäudekomplex des Grand Louvre erstreckt sich in der Länge über siebenhundert Meter, aber neben dem Palast der Tuileries, den die Revolution auslöschte, musste er dennoch klein gewirkt haben. Der gleichnamige Park, heute jenseits des Carrousel zu finden, ist nämlich 1400 Meter lang.

Gelegenheit macht Diebe: Viele Pariser besuchten die Viertel, wo ihnen größere und schönere Wohnungen versprochen wurden, und ließen sich schließlich dort nieder. Sie schufen Handwerksbetriebe – manchmal kleine Fabriken – und eröffneten Boutiquen, die Vorläufer derjenigen, die seit jeher den Ruhm des Quartier Marais ausmachen. Die Place des Vosges ist ein besonders anschauliches Beispiel für die soziale Entwicklung in Paris.

Für ein oder zwei Jahrhunderte war sie ein Platz des Adels, bevor das Volk die ihm zugewiesenen Viertel verließ und in die luxuriösen Privatresidenzen zog. Zur Zeit der Revolution wurden die stolzen Bauten der Place Royale – damals umbenannt in Place de l'Invisibilité – in Wohnungen und Büros umgewandelt. Im Jahr 1795 hatte der Platz einen schlechten Ruf; 1860 wurde das Viertel gesäubert und der Platz wurde zur Place des Vosges, so benannt zu Ehren des Départements, das es als Erstes geschafft hatte, seine Ausgaben durch Abgaben zu decken. Victor Hugo lebte 1826 hier, später dann Théophile Gautier, Alphonse Daudet und die Schauspielerin Rachel.

Erst 1866 entstand der öffentliche Garten und 1872 pflanzte man dann die Bäume. Deshalb verdient dieser beschauliche Platz mehr als eine Stippvisite. In seiner Umgebung zeugen die Straßen Saint-Paul, Petit Musc, Birague, Francs-Bourgeois und Pas-de-la-Mule von der Geschichte des Viertels seit seinen Ursprüngen.

Es wäre sinnlos und äußerst langweilig, alle Bauwerke von Paris in ihrem historischen, symbolischen, sozialen und architektonischen Zusammenhang zu besprechen. Vielmehr teilen alle mehr oder weniger die gleiche Geschichte.

Der Louvre, eine der ersten Festungen der Pariser Stadtmauer, wurde unter Karl V. zur Königsresidenz und von Ludwig XIV. verlassen. Dann, während der Revolution, war er Gefängnis und Ort für Schnellexekutionen, und heute ist er ein Museum. Das Palais des Tuileries, unbebautes und regelmäßig von der Seine überschwemmtes Terrain, wurde eine Ziegelfabrik, denn die Erde war lehmhaltig, später aber verließen die Arbeiter sie. Zu viele waren wegen der schlechten Luft am Fluss an Fieber gestorben. Katharina von Medici entdeckte das Palais wieder und ließ daraus eine vom Louvre unabhängige Königsresidenz schaffen, die 1871

von den Kommunarden in Brand gesteckt und geplündert wurde. Die Steine kaufte eine korsische Familie, die damit in der Nähe von Ajaccio ein Schloss errichten ließ.

Eine interessante Geschichte haben auch die Parks und Gärten von Paris. Der Park Buttes-Chaumont war einst Platz eines Schafotts, wurde dann öffentlicher, stinkender Schuttplatz und bis 1867 eine Kreidegrube. Danach beschlossen Haussmann und Alphand, ihn anzulegen und in einen Ort für Spaziergänge zu verwandeln, wo sich am Sonntag die Pariser Arbeiter aus der Umgebung zerstreuen konnten. Kaskaden, Hängebrücken, Grotten, versteckte Treppen, kleine Liebestempel, Berge und Täler machen diesen Park zu einem außergewöhnlichen Garten, zu einer Welt für kindliche Abenteuer und einem Ort, den man im Herzen von Paris überhaupt nicht vermutet. Im Jardin du Luxembourg, einem der schönsten und romantischsten von Paris, den Gérard de Nerval ebenso besuchte wie Verlaine, Baudelaire und Rilke, sitzt heute der Senat in einem antiken, vom Florentiner Palazzo Pitti inspirierten Königspalast. Während der Revolution war dieser ein Kerker, in dem man David gefangen hielt, der hier sein einziges Landschaftsbild malte, das heute im Louvre hängt.

Die Gärten der Champs-Elysées waren alte Gemüsegärten, die Maria de' Medici in Ziergärten umgestalten ließ, denn die Intrigantin, die blutrünstige Königin des Massakers von Saint-Barthélemy, wollte von ihren Fenstern in den Tuilerien nicht auf Erbsen und Karotten hinabblicken. Der zur selben Zeit von Le Nôtre entworfene Garten der Tuilerien verfiel mangels Pflege und wurde zu einer Wüste in der Stadt, wo die Revolutionäre die flüchtenden Adeligen verprügelten, bevor sie sie auf die Guillotine schickten.

Heute ist er wieder eine lebendige Grünfläche, wo die Kinder ihre Mütter zu den kleinen Karussells ziehen, auf denen sich weiße Pferdchen zu den Klängen alter Lieder langsam drehen.

Die Pariser lieben ihre Parks und öffentlichen Gärten. Beim ersten Frühlingserwachen strömen sie dorthin. Sie ziehen grüne Stühle über den Kies, platzieren sie zwischen Sonne und Schatten und sind entzückt, dass man nur ein Tor öffnen muss, um der Zeit einen Augenblick des Glücks zu entreißen.

DIE BAUTEN VON PARIS | **77**

78 LINKS Die klare Geometrie der 1989 eingeweihten Pyramide bildet einen Kontrast zur klassizistischen Ornamentik eines *Pavillon* des Cour Napoléon.

78 RECHTS Heute ist das auffälligste Merkmal des Montparnasse, eines weiteren berühmten Schriftsteller- und Künstlerviertels, der gleichnamige und 220 Meter hohe Turm.

79 LINKS Das funktionalste (und seinerzeit meist diskutierte) Charakteristikum des Centre Georges Pompidou sind die aussen angebrachten Aufzüge und Rolltreppen. Diese Lösung erweitert die Innenräume und erleichtert ihren Umbau für immer neue Ausstellungen.

79 MITTE UND RECHTS La Défense, ein Viertel, das sich – seit die Entwicklung in den 60er Jahren begann – ständig entwickelte, ist eine Stadt der Zukunft im Heute, mit glänzenden Bauten, die an Plätzen „à la Chirico" stehen.

80-81 Trotz der Dimensionen und der „schweren" Proportionen erscheint Notre-Dame überraschend leicht und luftig – ein wahres Meisterwerk der Gotik. Auf dem Bild sieht man die Südfassade, die von der Christusrosette gekrönt wird, ein Werk aus dem 13. Jahrhundert mit einem Durchmesser von 13 Metern.

In Paris hört man nie auf, ein Inventar der Orte zu erstellen und die besonderen Geschichten nachzuzeichnen, die immer auf dieselbe Weise enden: mit dem Lied vom Ruhm der Stadt Paris. Und eben dies tun die unerschütterlichen Herolde auf den Dächern des Hôtel de Ville, deren Trompeten den Ruhm von Paris in alle vier Himmelsrichtungen hinaustragen. Unterstützt werden sie von grotesken Figuren und Monstern, die von den Türmen von Notre-Dame aus über die Stadt wachen, allzeit bereit sich auf jeden zu stürzen, der den Mut haben sollte, schlecht über Paris zu sprechen.

Illusionen und Chimären der Vergangenheit zerstört werden. Wenn man an einen ihrer heiligen Orte rührt, können die Pariser sofort zu den Waffen greifen. Zwar haben Richtersprüche die Flinten und Donnerbüchsen ersetzt, aber das Maß der Empörung blieb dasselbe! Die Bauprojekte des Tour de Montparnasse, des Centre Beaubourg und der Opéra-Bastille, für die ganze Teile des alten Paris abgerissen werden mussten – oft wacklige, ungesunde und schwer zu renovierende Häuserkomplexe – führten zu Aufständen, wie sie die Hauptstadt seit der Zeit der Pariser Kommune nicht mehr erlebt hatte. Sie waren sogar Gegenstand internationaler Beratungen!

Natürlich hat sich Paris verändert. Das ist der Lauf der Dinge. Am Beginn des dritten Jahrtausends einem in seiner Geschichte stets unbeweglichen Paris nachzutrauern, wäre sinnlos und lächerlich. Und wenn ein Pariser sein verlorenes Paris beweint, trauert er nur einer Zeit nach, in der sein eigenes Leben, wie er glaubt, glücklicher war als heute. Was am alten Paris beweint wird, hat etwas Folkloristisches oder ähnelt einem Phantom. Die heutigen Pariser haben gelernt, ihre Stadt anders zu betrachten und zu lieben, ohne jedoch ihre Geschichte zu vergessen. Und diese Geschichte ist für alle Ewigkeit in das Buch über Paris geschrieben, ein großes Buch der Erinnerung, das jeder lesen kann, der es möchte.

Paris hat eine gewichtige, respektable und respektierte Vergangenheit, aber seine Erinnerungen sind nicht in Nostalgie verhaftet. Paris – manchmal unverschämt, meist elegant – hat sich mit seinen emblematischen Bauwerken arrangiert, es beschützt sie und integriert sie in die neue Dynamik der Stadt. Paris beherrscht sowohl die Kunst der Erhaltung als auch der Metamorphose. In alte Bäckereien hielten Modeboutiquen Einzug, ungenutzte Depots und Bahnhöfe wurden zu Museen, die Verwaltung sitzt in verlassenen Palästen und Technikzentren, und in dem Verfall anheim gegebenen Schlachthäusern. Und aus den Steinen der Bastille erbauten die Pariser die Pont de la Concorde. Wahr ist auch, dass Paris Bewohner sich schuldig fühlen, wenn unter ihren Augen die

Seit Kriegsende entstand neben dem „alten Paris" ein neues, das es verstand, sich mit dem bereits existierenden zu arrangieren. Das Centre Beaubourg mit seinen Kaminen, Rohrleitungen, Glaswänden und Rolltreppen, die ihm sofort den Beinamen „Kulturfabrik" einbrachten, fand schließlich seinen Platz und hat sich in die ihn umgebenden alten

78 | DIE BAUTEN VON PARIS

Straßen eingefügt. Es sei denn, der Blick der Pariser hätte sich nicht daran gewöhnt… Das Quartier La Défense ist der Inbegriff der modernen Stadt – erträumt und idealisiert. Es ist eine Verlängerung von Paris und mit ihm verbunden. Die Arche, eine überraschend futuristische Umsetzung liegt auf der Achse von Triumphbogen, dem Obelisk auf dem Place de la Concorde und der Louvrepyramide. Sie lässt Perspektiven entstehen, welche die Vorstellung anregen und zu etwas mehr als einem flüchtigen Blick einladen.

Sie ist ein Triumphbogen zum Ruhm der Menschlichkeit und ein Symbol für die Hoffnung, dass sich die Menschen in Zukunft frei begegnen können. Bereits heute kommen sie aus aller Welt hierher! La Défense ist ein Freilichtmuseum. Statuen von Mirò, Mitoraj, Calder, Henry Moore und vielen weiteren Künstlern unserer Zeit bringen ein bisschen Farbe, Humor und Poesie in ein Viertel, das vor allem von gehetzten Geschäftsleuten frequentiert wird, die nicht im Ruf stehen, fröhliche Lebemänner zu sein. Die Louvrepyramide, ein absolut transparenter Glashut, integriert sich zauberhaft und kontrastfrei in das eisige Bild des quadratischen Hofes. Das technologische Meisterwerk machte den Architekten Pei weltweit berühmt. Die Géode der Cité des Sciences in La Villette wirkt wie eine futuristische Kugel vom Mars oder vom Ganymed. Sie fiel mitten in eine lange verlassene Gegend mit vielen Kanälen, Schleusen, leeren Fabrikgebäuden und kaputten Lagerhäusern, die nach dem Finanzskandal, der zur Schließung der Schlachthöfe führte, zu vergessen suchte.

Die Géode liegt im Herzen einer neuen Stadt, wo Kunst und Technik in Liebe und Eintracht leben. Kino total! Konzerte und Ausstellungen unter der Grande Halle à Viande, deren Erinnerung Paris in den Pavillons für die Architektur der Vergangenheit bewahrt, die aber gleichzeitig den Entwurf für ein mögliches und wahrscheinliches künftiges Paris darstellt. Wie auch das neue Quartier Bercy und der Palais Omnisport, eine moderne Pyramide, deren Wände bis hinauf zum Flachdach mit Pflanzenteppichen bespannt sind. Hier können 20.000 Menschen den angebotenen Vorstellungen gemeinsam folgen: musikalische Komödien, Rockkonzerte und Turniere im Springreiten. In der Umgebung sorgten Architekten und Stadtplaner dafür, dass das Leben in diesem Viertel erhalten bleibt.

Vor kurzem sah es hier noch wie in einer abgelegenen Provinz aus, mit Quais, über die Weinfässer rollten, und Lagerhäusern, die heute zu Kunstgalerien umgestaltet sind. Streng wie ein Gebäude sein muss, in dem Frankreichs Geld gezählt wird und die Betrüger bestraft werden, erscheint das nahegelegene neue Ministerium für Finanzen. Der Brückenbau, der zur Hälfte auf Pfählen in der Seine steht, prägt das gesamte Viertel für die Zukunft. Gegenüber öffnet die Grande Bibliothèque ihre Bücher aus Stein für alle Strömungen aller Kulturen.

Die Front de Seine und Beaugrenelle dominieren aus der Höhe das alte 15. Arrondissement und spiegeln sich in den Wassern der Seine. Hier fahren ständig mit Sand und Zement beladene Kähne vorbei, die für die Häfen Javel und Grenelle bestimmt sind. Am Abend, wenn Paris im Licht erstrahlt, sehen die Türme des Front de Seine wie Wolkenkratzer aus. Sie beschützen die kleinere Schwester der Freiheitsstatue, die zwar nicht wie in New York die Welt beleuchtet, sondern die Spitze der zauberhaften Schwaneninsel und die sie umkreisenden *bâteau-mouches*. Zwei Schritte weiter erstrahlt der kürzlich frisch gestrichene Eiffelturm im Glanz seiner Lichter. Und es kann durchaus passieren, dass man davon träumt, eine einzige Nacht in dem Appartement zu verbringen, das Eiffel sich auf der Turmspitze reservieren ließ. Von hier aus kann man ganz Paris umarmen!

Das heutige Paris ist eine Skizze, eine Verbindungslinie zwischen Vergangenheit und Zukunft.

Aber wie wird Paris in der Zukunft sein? Dieses Geheimnis behält Paris für sich.

Für den Moment zeigen Schriftsteller, Fotografen und Cinéasten voller Leidenschaft das Paris von heute, das morgen bereits das Paris von damals sein wird.

DIE BAUTEN VON PARIS | 79

82-83 Wie die riesigen Rippen eines vorsintflutlichen Tiers krönen zarte Spitzbögen das Hauptschiff von Notre-Dame.

83 rechts Eines der bemerkenswertesten Charakteristika von Notre-Dame sind die äusseren Spitzbögen der Apsis, die der meisterlichen Planung von Jean Ravy zu verdanken sind. An diesem Gebäudeteil wurde von 1296 bis 1330 gearbeitet. Die Spitze in der Mitte des Gewölbekreuzes ist 90 Meter hoch.

84 In der Mitte zwischen dem Längs- und dem Querschiff von Notre-Dame zu stehen, ist eine sehr eindrucksvolle Erfahrung.

85 Die Glasfenster der Rosette in der Westfassade sind von aussen unsichtbar. Am unteren Umlauf empfängt die Jungfrau mit dem Kind Geschenke zweier Erzengel.

DIE BAUTEN VON PARIS | 83

86-87 Die Sainte-Chapelle ist ein Wunder an gotischer Leichtigkeit, Leuchtkraft und formaler Linearität. Sie entstand im 13. Jahrhundert auf Wunsch von Ludwig dem Heiligen, der darin Reliquien wie die Dornenkrone Christi aufbewahren liess. Die Kapelle ist ein Glanzpunkt mittelalterlicher Architektur.

86 | DIE BAUTEN VON PARIS

88-89 Die unverwechselbaren, mittelalterlichen Wachtürme der Conciergerie mit ihren spitzen, schiefer verkleideten Kegeln vermitteln eine Vorstellung von den Monumenten des 13. und 14. Jahrhunderts. Der traurige Ruf des Palastes geht auf die Französische Revolution 1789 zurück, als man ihn in seiner Eigenschaft als Gefängnis als das Vorzimmer zur Hölle betrachtete. Im Vordergrund die Pont Neuf – eine perfekte Verbindung zwischen Mittelalter und Renaissance.

90-91 Folgt man dem Blick des Betrachters, so sieht man am Nordflügel des Cour Napoléon den Pavillon Khorsabad, den Cour Puget und den Cour Marly. Im letzten Pavillon mit pyramidalem Dach befanden sich die Gemächer von Napoleon III.

92-93 Das feine Ornamentgeflecht, das typisch für die Baumassnahmen von Napoleon III. ist, belegt die eklektizistischen Neigungen, die Ende des 19. Jahrhunderts modern waren. Der letzte französische Kaiser vollendete nach zweieinhalb Jahrhunderten den Louvre, von dem schon Heinrich IV. geträumt hatte.

94, 95 und 96-97 Die Pyramide des Louvre unterbricht jäh die architektonische Struktur, die im Laufe der Jahrhunderte den Palast langsam entstehen liess. Übrigens wäre jede „philologische" Ergänzung des Baus ein offener Anachronismus geworden. Die beste Zeit, um das Werk von I. M. Pei zu bewundern, sind die Abendstunden, wenn die Komplexität der Innenräume vom künstlichen Licht hervorgehoben wird.

88 | DIE BAUTEN VON PARIS

98-99 UND 99 RECHTS Die Ursprünge des Hôtel de Ville, des alten Pariser Rathauses, liegen im 14. Jahrhundert. Sein Aussehen (rekonstruiert nach Originalplänen nach dem Brand 1871) geht auf das 16. Jahrhundert zurück, auf die ruhmreiche Zeit von Franz I.

DIE BAUTEN VON PARIS | 99

100 Durch den Glanz seiner reichen Vergoldung ist der Invalidendom auch aus weiter Entfernung sichtbar. Seit 1840 ruhen hier die sterblichen Überreste von Napoléon Bonaparte.

101 Der streng gegliederte Invalidendom, der unter der Leitung des genialen Architekten des Sonnenkönigs, Jules Hardouin Mansart, entstand, war ursprünglich ein Militärhospital. Die überdimensionalen Ausmasse des Baus vermitteln eine Vorstellung davon, wie viele Heere den Königen von Frankreich dienten und wie viele Invaliden ihre Kriege forderten.

102-103 Königliche Medizin gegen königliche Wehmut: Das Palais du Luxembourg mit seinem *Jardin* wurde errichtet um Maria de' Medici von ihrem Heimweh nach der Toskana zu heilen. Später ereilte das Palais das gleiche Schicksal wie viele andere Paläste auch. Als die Stunde der Convention schlug, wurde es zum Gefängnis, wo auch Jacques-Louis David „Gast" war.

DIE BAUTEN VON PARIS | 101

104 Als Krönung einer Säule, die nach den römischen Modellen von Traijan und Hadrian in der Mitte des Place Vendôme aufgestellt wurde, wacht noch immer Napoléon Bonaparte über Paris.

105 Bronzeadler zieren den Sockel der Säule auf dem Place Vendôme und erinnern an die „wilden" und unbeugsamen Kriegsgewohnheiten des grossen Soldaten, der auf dem Monument steht.

106-107 Moderne, vorübergehend aufgestellte Skulpturen modernisieren verleihen dem Place Vendôme moderne Züge. Ursprünglich stand auf dem Platz die Statue von Ludwig XIV., einer Persönlichkeit, die bei den Parisern von gestern und heute sicherlich weniger beliebt war als der Kaiser.

104 | DIE BAUTEN VON PARIS

108-109 UND 110-111 Die gemischten Stilrichtungen der Opéra Garnier, die nicht selten ihrer exzessiven Ornamentik wegen kritisiert wird, wirken auf Laien leicht, ja sogar anziehend. Das Theater wurde unter und für Napoleon III. errichtet, der jedoch wegen des französisch-preussischen Krieges von 1870 und der Wiedereinführung der Republik niemals die Möglichkeit hatte, hier eine Opernaufführung zu erlben.

DIE BAUTEN VON PARIS | 109

112-113 Riesige Eisenschmiede – vielleicht ein bisschen Ironie des Gründers Gustave Michel – vernieten ständig die Verbindung zwischen den beiden Spannweiten des Viadukts von Passy, der 1948 den Namen Pont Bir Hakeim erhielt. Die Grandezza hatte in Paris immer viel mit einer gewissen säkulären und „populären" Ästhetik zu tun.

110 | DIE BAUTEN VON PARIS

114 UND 115 Römisch-byzantinischer Triumph im Herzen des Montmartre: Die Église du Sacré-Cœur ist nach dem Eiffelturm der zweithöchste Punkt von Paris. Das interessante Bauwerk, das an der Wende des 19. zum 20. Jahrhunderts entstand, besitzt eine der grössten Glocken der Welt.

DIE BAUTEN VON PARIS | 115

116-117 Im Garten des aus dem 18. Jahrhundert stammenden Hôtel Biron, Sitz des Rodin-Museums, erinnert eine Kopie der Statue „Der Denker" des berühmten Bildhauers für alle Zeit an die quälenden Selbstzweifel im Angesicht des Invalidendoms.

117 RECHTS Die Putten der Pont Alexandre III. veranschaulichen einen einzigartigen, formalen Konservativismus.

118 UND 119 Der am 14. Juli 1900, am Jahrestag des Sturms auf die Bastille, eingeweihte Gare d'Orsay, heute ein Museum für Kunst zwischen 1848 und 1914, gilt als eines der funktionalsten Museen weltweit.

DIE BAUTEN VON PARIS | 117

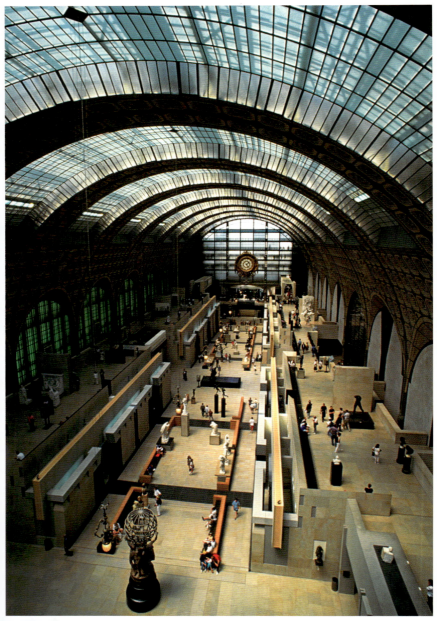

120 UND 121 Die unverwechselbare Eleganz des geschwungenen, völlig verglasten Daches weist im Stadtbild sofort auf das Grand Palais hin. Das Gebäude, wo heute Wanderausstellungen gezeigt werden, entstand wie so viele andere in Paris anlässlich der Weltausstellung von 1900.

DIE BAUTEN VON PARIS | 121

122-123 Ein einsamer Betrachter scheint von der spektakulären Weite des Rive Gauche mit dem Eiffelturm ganz gefangen zu sein. Die Statuen in den Jardins du Trocadéro, die alle aus den ersten Jahren des 20. Jahrhunderts stammen und von unterschiedlichen Bildhauern geschaffen wurden, stehen seit 1937 vor dem Palais de Chaillot, das anlässlich der damaligen Weltausstellung errichtet wurde.

124 UND 125 Wahrscheinlich wäre die Welt ohne den Eiffelturm irgendwie anders. Das *opus magnum* des Ingenieurs Gustave Eiffel besteht nur aus Superlativen: Innovation, Aussehen, pure, einfache Masse – vor allem ist es im Bewusstsein praktisch aller Menschen dieser Welt präsent.

126-127 Zwischen dem Rive Droite und dem Rive Gauche fliesst die Seine mit einer sanften Biegung am Palais de Chaillot vorbei, das seine geschwungenen Flügel in Richtung Pont d'Iéna und Marsfeld ausbreitet. Natürlich kann sich der Eiffelturm seiner Protagonistenrolle als topografischer, idealer Glanzpunkt nicht entziehen, denn ganz Paris scheint ihm zu Füssen zu liegen …

DIE BAUTEN VON PARIS | 123

128-129 Im Zentrum von La Défense wurde 1989 das Parallelogramm der Grande Arche (im Vordergrund) eingeweiht. Aus dieser herrlichen Perspektive von Nordwesten gesehen, entspricht der Bau (106 Meter hoch) in symmetrischer Weise dem Triumphbogen, dem winzigen Fluchtpunkt, der am Ende der Avenue de la Grande Armée sichtbar ist.

129 La Défense, das in den 60er Jahren als Pariser Geschäftsviertel entstand, wurde schnell zu einer Art riesigem Museum unter freiem Himmel, das einen Wald aus achtzig ultramodernen Wolkenkratzern, Kunstwerken und städtischen Einrichtungen besitzt, die von grossen Namen der zeitgenössischen Architektur geplant wurden.

130-131 Ein riesiges Segel überdacht den *carrefour de la communication*, die „Kreuzung der Wege", einen Ausstellungs- und Konferenzraum in der Grande Arche, dem „Triumphbogen des 20. Jahrhunderts", der auf Wunsch des französischen Präsidenten François Mitterrand errichtet wurde.

130 | DIE BAUTEN VON PARIS

132 UND 132-133 Der Mensch scheint sich mit seinen eigenen Kreationen im Quartier de la Défense messen zu wollen und stellt neue Proportionen und Interaktionen zwischen sich und der Umgebung her. Werke wie Le Pouce („der Daumen") oder die Tête-Défense integrieren Skulptur und Architektur als reziproke, direkte Parameter, indem sie La Défense selbst programmatisch als Gegenpol zum Louvre sehen.

134-135 Die Trugbilder des Forums ersetzten zwischen den 70er und 80er Jahren den riesigen, überdachten Markt von Les Halles, dem „Bauch von Paris". Der heutige Bau mit Erd- und Untergeschoss interpretiert die kommerzielle Rolle des Geländes auf moderne Art, mit Boutiquen, Restaurants und öffentlichen Einrichtungen.

132 | DIE BAUTEN VON PARIS

136-137 UND 138-139 In dem traditionellen einheitlichen Stadtbild des Quartier Beaubourg drängt sich das Centre Pompidou gewaltig in den Vordergrund. Wegen seiner „nie dagewesenen" Charakteristika erregte der Bau in den 80er Jahren einige Polemiken. Dennoch – wie so oft – begannen die Pariser und mit ihnen die ganze Welt dann doch dieses Parallelogramm aus sichtbaren Rohren und Rolltreppen zu schätzen.

136 | DIE BAUTEN VON PARIS

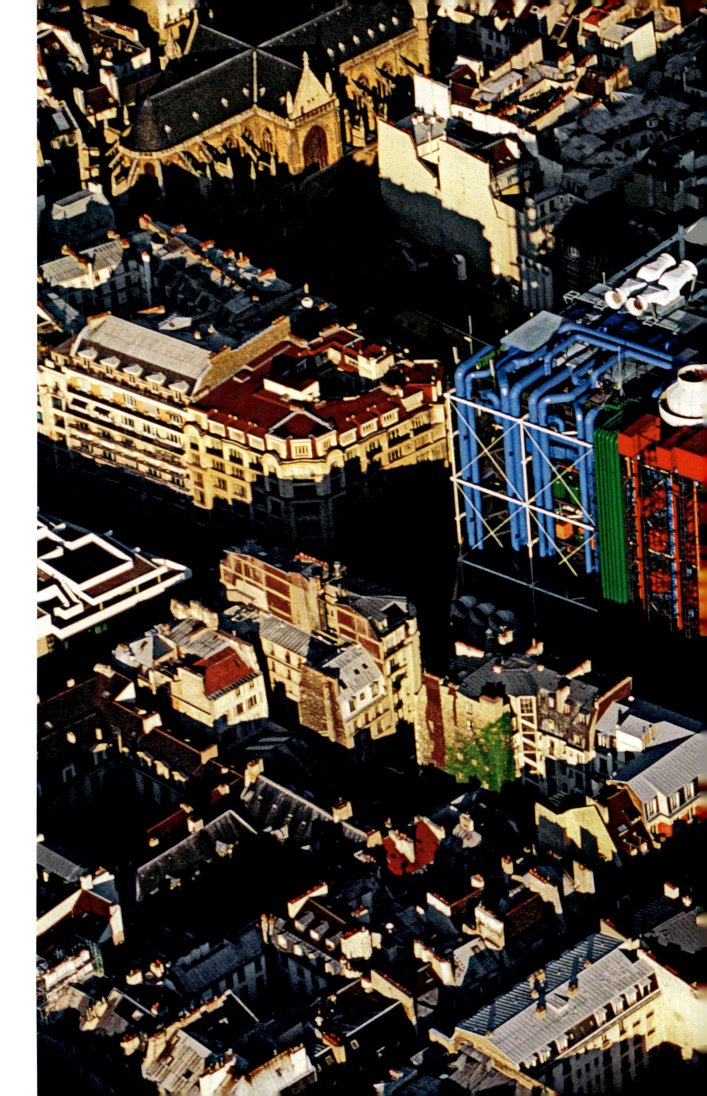

140-141 Die Panoramarolltreppen des Centre Pompidou werden von einem transparenten Rohr geschützt, das an der Fassade entlang läuft. Man blickt auf den ebenfalls nach dem früheren Präsidenten benannten Place Georges Pompidou. Das Rohr ist nach einem Stufenprofil angelegt, das seine Funktion veranschaulicht.

142 und 143 Im Jahr 1982 gestalteten Niki de Saint Phalle und ihr Lebensgefährte Jean Tinguely neben dem Centre Pompidou den Strawinsky-Brunnen zu Ehren des Komponisten. Die bunte Fontänen sprühenden Fabelwesen stammen von Niki, während Jean Tinguely die grossen beweglichen „Roboter" baute.

144 und 145 In den Innenräumen des Centre Pompidou, die dank der „veränderbaren" Struktur (das heisst dank der Träger, Aufzüge und aussen angebrachten Rohre) umfangreich genutzt werden können, befinden sich die Sammlungen des Nationalmuseums für Moderne Kunst und Wanderausstellungen.

146-147 Innovative architektonische Lösungen charakterisieren das Institut du Monde Arabe, ein Kultur- und Museumszentrum, das 1987 als Symbol für die Zusammenarbeit zwischen Frankreich und 21 arabischen Ländern entstand. Die Wände sind wie ein Membransystem konstruiert, damit das Tageslicht gezielt dosiert werden kann, um so einen optimalen Schutz der Exponate zu gewährleisten.

148-149 In der Géode befindet sich das spektakulärste Kino der Welt. In der lichtdurchfluteten Kugel in der Cité des Sciences et de l'Industrie von La Villette werden auf der 1000 Quadratmeter grossen, halbkugelförmigen Leinwand, der grössten der Welt, wissenschaftliche Filme vorgeführt.

DIE BAUTEN VON PARIS | 141

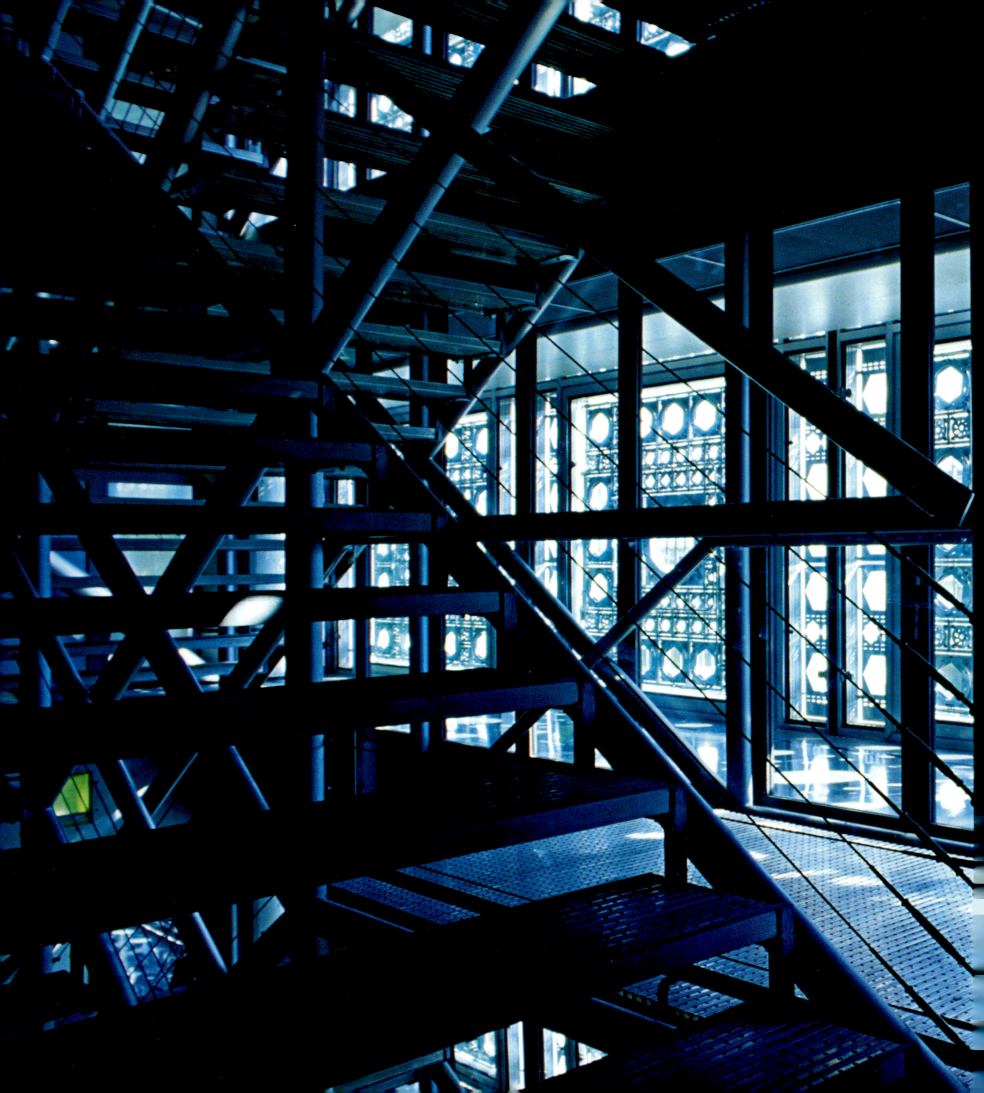

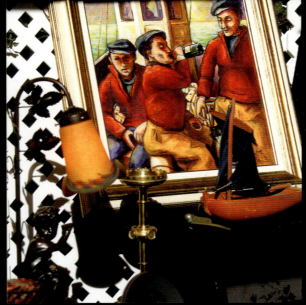

PARIS IST EIN ABENTEUER

150 VON LINKS NACH RECHTS Ein auf dem Flohmarkt ausgestelltes Gemälde; eine Hausnummer; ein Musikant auf dem Montmartre; Blick in die Kuppel des Kaufhauses Galeries Lafayette.

151 Ein bateau mouche nähert sich der Pont Neuf, die die Ile de la Cité mit dem Rive Gauche und dem Rive Droite verbindet.

152 und 153 Drei Gesichter von Paris: das gotische Meisterwerk Notre-Dame, die Terrasse des historischen Cafés Deux Magots in Saint-Germain-des-Prés und ein riesiger Blumenstand.

JEDEM SEINE
EIGENE ENTDECKUNG

Paris ähnelt einer Tulpenzwiebel, deren Wurzeln sich ins Herz der Seine bohren und deren Durchmesser durch immer neue Schichten immer größer wird. Die Könige Frankreichs wussten das. Um das zu schützen, was sie mit so vielen Mühen erbauen ließen, trug jeder durch eine neue Stadtmauer zum Wachstum der Stadt bei, die jedes Mal weiter vom Stadtzentrum entfernt lag. Paris ist in der Tat konzentrisch gewachsen. Paris ist keine Stadt, die man besucht, sondern durch die man sich hindurchschält …

Man kann am Stadtrand, vor den Toren von Paris beginnen, auf den Flohmärkten von Vanves, Saint-Ouen, Clignancourt und Montreuil – wo die Händler Dinge teuer verkaufen, die vor fünfzig Jahren niemand mehr haben wollte – und sich zur Cité, zum Zentrum, vorarbeiten. Oder man kann in Notre-Dame beginnen – auf dem Platz vor der Kathedrale weist eine Plakette darauf hin, dass man sich im geografischen Zentrum der Stadt befindet – und Paris in Richtung Peripherie durchstreifen.

Paris ist nur schön, wenn man seine Schritte dem Zufall überlässt. Es gibt in Paris keine Rundgänge. Oder sie sind irreführend. Nur Touristenführer versuchen, einen vom Gegenteil zu überzeugen. Paris bleibt in der Erinnerung, wegen der geraubten Momente des täglichen Lebens, wegen gestohlener Bilder einer Intimität, die sich durch eine bewusst organisierte, geografische Unordnung vor indiskreten Blicken schützt, und wegen der improvisierten Begegnungen mit Orten und Menschen. Die schönsten Erinnerungen an Paris sind Ergebnisse des Zufalls. Der kürzeste Weg, um Paris kennen zu lernen, ist der unbekannte, manchmal riskante Weg: immer eine Versuchung und – in Paris – vor allem ein Abenteuer.

Man verirrt sich schnell in Paris. In dieser Stadt gibt es mehr oder weniger sechstausend Straßen, Gassen, Sackgassen, Boulevards, Passagen, Ringstraßen, *villas* (so nennt man in Paris die privaten, von kleinen Häuschen gesäumten Gassen), *Cités*, Viertel, Brücken, Uferpromenaden, Kreuzungen und kleine Straßen… Und alles spielt sich versteckt und gleich hinter der nächsten Ecke ab. Die Straßen sind schlecht geführt, enden in einer Sackgasse oder vor Treppen, wechseln das Arrondissement und den Namen ohne Vorwarnung; sie verschmelzen und teilen sich an einer unmöglichen Gabelung wieder. Und außerdem haben sie unglaubliche Namen. Veraltete Worte und vergessene Persönlichkeiten gaben ihnen Namen, die sogar zu ihrer Zeit keiner kannte, und an die einzig und allein das Straßenschild mit ihrem Namen erinnert. Wer kann wirklich sagen, auch wenn er waschechter Pariser ist, wer Honoré-Chevalier war, dessen Name eine Straße im 6. Arrondissement trägt? Er war ein Bäcker, der während der Revolution sein Brot kostenlos unter denjenigen Bedürftigen des Quartiers verteilte, die mit einer Karte des Komitees für öffentliche Gesundheit bei ihm erschienen. Doch auch diese Tat bewahrte ihn nicht vor der Guillotine!

Warum trägt die *Rue aux Ours* diesen Namen? Natürlich gab es in dieser Straße der Bären niemals Bären! Aber im 12. Jahrhundert war hier eine Grillstation, die Gänse verkaufte – in Altfranzösich *oues* –, was dann zu *ours*, Bären, wurde. Aber niemand weiß genau, welche phonetische Veränderung das Wort durchlebte. Straßen wie *Denis Pesce*, die Straße der fischenden Katze, *Volta*, die des Weißen Pferdes, die der Bresche der Wölfe, die des Wachtelbrunnens, der Treue, des Sonnenaufgangs… Mit den Pariser Straßennamen könnte man Gedichte schreiben, sagte Jacques Prévert!

PARIS IST EIN ABENTEUER | 153

154 LINKS Schlendert man mit der gebotenen Vorsicht wie „Hans-guck-in-die-Luft" durch Paris, entdeckt man Überraschendes wie diese begrünte Hausfassade.

154 RECHTS Die mit dunklem Schiefer gedeckten Dächer von Paris sind eines der Charakteristika der Hauptstadt und eine wichtige Komponente im Stadtbild.

155 LINKS Der herrliche Place des Vosges wurde 1612 eingeweiht, als Ludwig XIII. Anna von Österreich heiratete. Hier lebten unter anderem Richelieu und Hugo.

155 MITTE Der Eiffelturm, hier von der Pont Bir Hakeim aus gesehen, erstrahlt nach einem Wolkenbruch im Sonnenlicht. Manchmal macht der Himmel den Charme dieser Stadt aus.

155 RECHTS Eine Bootsfahrt auf der Seine ist nicht nur ein „romantisches" Erlebnis, sondern auch die beste Art, um Paris in Ruhe und ohne Verkehr zu sehen.

Aber lachen wir nicht darüber, denken wir lieber an die Verwaltung und die ihr abverlangte Erfindungsgabe, als sie innerhalb von zwei Jahrhunderten Namen für diese Unmenge an Straßen finden musste. Und noch finden muss, denn es entstehen immer neue! Und wir können wetten, dass der Kommunalbeamte, der 1810 eine Straße des 20. Arrondissements „Straße von China" taufte, sich mehr über die Namensfindung den Kopf zerbrach, als über die Mysterien des Reichs der Mitte.

Die Straßen von Paris sind mitunter tückisch. Hier verirrt sich der Spaziergänger und landet in Winkeln, wo er gar nicht hin wollte. Aber *flâner*, bummeln, ist ein französisches Wort, das für Paris erfunden wurde. Andererseits kann man in Paris stundenlang laufen, immer geradeaus, die Nase in die Luft gestreckt, und das ohne Mühe und vor allem ohne sich zu langweilen.

Nach dem Bummel findet man schließlich immer eine Métrostation, die einem Auskunft darüber gibt, wo man eigentlich ist. Und auch wenn Paris verwirrend ist, so können Fußgänger sich hier wohlfühlen. Letztendlich lernt man die Stadt nur zu Fuß näher kennen, indem man ihr verschlungenes Netz entdeckt. Marschieren wir also los!

Beginnen wir bei Notre-Dame, diesem riesigen Bauwerk genau im Herzen von Paris, und laufen Richtung…

Ja, wohin? Geradeaus? Das bedeutet, dass wir an der Spitze des Vert Galant ankommen, wo man eine atemberaubende Sicht auf die Seine und den Louvre hat. Suchen wir uns einen Sitzplatz, um das Schauspiel von einer der kleinen Bänke aus zu genießen. Theoretisch sind sie für müde Besucher gedacht, aber die Clochards haben ein angestammtes Recht auf sie, das sie täglich mit einem gutmütigen Wachmann neu aushandeln. Oder lieber doch nicht durch die Mitte? Von der Pont Saint-Michel nach Saint-Germain und hinein in die wimmelnden Straßen rund um die Cafés, wo Studenten und populäre Schriftsteller frühstücken. Die einladenden Terrassen der *Brasserie Lipp*, des *Deux Magots*, des *Flore*, der *Rhumerie Martiniquaise* oder des *Café de la Marie*, das als einziges auf dem Place Saint-Sulpice die Genehmigung hat, *petit crèmes* und ein großes Bier vom Fass zu verkaufen. Warum nicht am Fluss entlang? Hier trifft man auf die Fischer. Es gibt nicht mehr viele –, aber einmal im Jahr treffen sie sich zu einem Wettkampf am Seineufer, wo sie mit ein bisschen Glück einen Fisch fangen oder auf einen nervösen Fisch treffen, ein kleines, ungenießbares Etwas, das sie – nach dem rituellen Foto – wieder in den Fluss zurückwerfen. Und man trifft hier die Verliebten, die mit ihren Umarmungen seit Jahrhunderten den Spruch geprägt haben, dass Bäume sich wie Küssende neigen. Oder wir wenden uns entschieden nach rechts, überqueren die Seine auf der Pont Notre-Dame und begrüßen im Vorbeigehen die fliegenden Händler am Quai aux Fleurs, die standfest sind wie die Pont Neuf und in ihren Körben Rosen und Flieder feilbieten, die sie irgendwo entwendet haben. Dann durchqueren wir das Quartier Saint-Paul mit seinen Antiquitäten- und Altwarenhändlern und kommen – vorbei an der Bastille – zum Place des Vosges.

Falls wir uns aber nach links wenden, führt dieser Weg zwangsläufig zur Assemblée Nationale. Wir schlendern durch würdevolle Viertel mit sorgsam verschlossenen Toren. Von hier aus wenden wir uns dem Eiffelturm zu, überqueren die Seine auf einer Brücke (wir können zwischen fünf oder sechs wählen) und erreichen das Rive Droite, das elegante Ufer, mit seinen Luxusboutiquen und den Schneidern der Haute Couture.

Eine Auswahl, die eines Corneille würdig wäre! Wie auch immer Sie Ihre Wahl treffen, richten Sie die Augen stets vor sich auf den Boden oder auf die Höhe der Verkehrszeichen. Seien Sie aufmerksam! Betrachten Sie die Balkone und die aus den Terrassen herausquellenden hängenden Gärten. Träumen Sie vor den Eisentoren, wo zwischen Zweigen versteckte Katzen den in anderen Astgabeln sitzenden Vögeln auflauern, und das schon seit Brandt sie vor hundert Jahren modellierte. Lassen Sie sich von den Giganten, den nackten Frauen, den Blumenkörben, den Karyatiden und den Köpfen der Gorgonen überraschen, welche die Fassaden zieren und die Straßen bewachen. Lassen Sie sich einfangen von diesem Rosenstrauch, jenem Büschel Unkraut und dem Baum, der aus einem Samenkorn entstand, das ein Vogel zurückließ, und ganz im Verborgenen in einer Mauerspalte wächst. Gehen Sie weiter, auf die blaue Silhouette der Zinkdächer und den changierenden Himmel zu, der den Boden illuminiert. Der Himmel über Paris ist der schönste der Welt. Die ganze Welt stellte das fest. Ob blau, ob grau, ob in den wechselnden Farben der vorbeiziehenden Wolken – er ist einmalig. Der Sommerhimmel taucht die Stadt beim ersten Tageslicht in sanftes Blau, im Verlauf des Tages wird es intensiver und bis zum Abend violett, schließlich leuchtet es karminrot und golden. Bei Regen ruft der Himmel mehr nach Blitz, denn nach Donner und lässt auf dem nassen Asphalt glänzende Pfützen entstehen. Wie eine Skizze aus chinesischer Tinte zerreißt er unversehens, und das trübe Glitzern einer Klarheit leuchtet auf, die direkt aus dem Himmel kommt. Ein Himmel voller Schnee hängt wie eine Decke über der Stadt, streift die Dächer. Wie auf den leichten Flügelschlag eines Schmetterlings überzieht er plötzlich die Straßen, Bänke, Geländer, Brücken und Fensterbänke mit der weißen Pracht. Der Himmel über Paris hat die Farbe der dahineilenden Zeit. Paris ist ein Theaterstück in vier Akten – Frühling, Sommer, Herbst und Winter –, mit nur einer einzigen Bühne: der Stadt. Im April färben sich die Rosskastanien auf den Champs-Elysées bis zum letzten Sonnenstrahl im Farbton der Gouachetechnik und erscheinen wie ein entfernter Wald. Die Kellner in den Cafés lassen die Markisen über den Terrassen herab, um die italienische *cassata* zu schützen, und die Frauen tragen Kleider, deren Röcke einem Kranz ähneln, der verkehrt herum auf dem Asphalt liegt. Der herrlichste Monat in Paris ist der August! Wie wundervoll ist die Stadt, wenn sie verlassen ist! Schön, unkompliziert und einladend. Sie beschenkt einen. Um sechs Uhr geht die Sonne wie flüssiges Gold über der Seine auf. Die in hellen Farben gezeichnete Stadt erwacht langsam. Der Himmel füllt sich mit Möwen, die über die Schleppkähne hinwegfliegen. Auf der Pont Mirabeau beugt sich ein Student über das Geländer. Abends um zehn Uhr geht die Sonne hinter Notre-Dame unter. Ein malvenfarbener Sonnenuntergang sinkt aus einem aufgerissenen Himmel auf den Fluss herab. Ein Schleppkahn dreht zum Meer hin ab und zieht langsam die Nacht hinter sich her. Der erste Montag im September. Die Pariser, die zuvor die Autobahnen überfluteten, drängen nach Paris herein, obwohl die Polizisten versuchen, Ordnung in das Chaos zu bringen. Fluten von Autos blockieren die Bürgersteige. Der Himmel ist perlgrau. Das Laub färbt sich rot, die Luft ist so lau, dass man ein Freiluftbad nehmen könnte. Und schon ist es Dezember. Die Wasser der Seine schimmern bleigrau, hier und dort spiegelt sich das Licht der Laternen darin. Die Nacht bricht schnell herein. Der Tag weicht den Leuchtreklamen. Die Pariser rennen gehetzt von einem Geschäft ins andere, in die Rue Lafayette, die Chaussée d'Antin, die Rue de Rennes… Und wenn die Stadt schläft, scheinen die Häuser schmollend die Schultern hängen zu lassen. Der Himmel liegt wie eine Bettdecke über Paris. Die Dächer von Paris ähneln einem blauen Ozean, einer eiligen Welle, die den Horizont erfüllt, wo eine Kirchenkuppel oder die Pferde des Grand Palais schaukeln, die sich ewig diesem Himmel entgegenrecken, ohne ihn jemals zu erreichen. Die Dächer von Paris! Die von Alfred de Musset skizzierte Pariserin Mimi Pinson öffnet das Fenster im Licht eines Sommerabends, atmet den Duft der ordentlich auf dem Fensterbrett stehenden Geranien und füttert die streunenden Katzen, geübte Seiltänzer, die für einen Moment den üblichen Sorgen ihres Vagabundendaseins entfliehen konnten. Die Dächer von Paris bergen Geheimnisse. Jedes Haus hat seine eigene Geschichte, welche die Grandezza und die Dekadenz eines kaiserlichen Marschalls oder eines höfischen Kaplans erzählt, von Leben und Tod eines Dichters oder Poeten, oder von Freud und Leid unbekannter Menschen.

Der Pariser übersieht diese Flut aus Schiefer, Ziegeln und Zink in der Stadt geflissentlich. Zumindest wenn er nicht unter dem Dach wohnt, was aber immer noch besser ist als unter den Brücken.

157 OBEN Reproduktionen der Meisterwerke, die zwischen dem 19. und 20. Jahrhundert zum Entstehen eines der Pariser Mythen beitrugen, sieht man an einem Stand am Quai Saint-Michel. Im Hintergrund ragen die spitzen Dächer der Conciergerie als Zeichen der Ile de la Cité auf.

157 UNTEN Im etwas fahlen Morgenlicht erhebt sich Sacré-Cœur wie eine Erscheinung und überragt das Strassennetz zu Füssen des Montmartre.

Übrigens muss man in Paris zwischen den Brücken unterscheiden, unter denen man schläft, und denjenigen, unter denen man spazieren geht. Unter den Brücken von Paris oder im Schatten der nahen Pappeln betrachten am Tag einige Glückliche, denen keine Stunde schlägt, die Lastkähne – und die Zeit, die vorübergeht. Diese „Glückspilze" liegen auf Zeitungen oder auf einem alten Sack, den ihnen ein großzügiger Kohlenhändler geschenkt hat, – man kann ein Clochard sein und trotzdem auf eine gewisse Bequemlichkeit achten. Sie blicken verstohlen auf einen Flaschenhals, tun als schliefen sie, bewundern indessen die Beine der schönen Fremden und geraten angesichts der vor Anker liegenden Lastkähne in Ekstase, die von einem Vagabundenleben und einer Welt ohne Grenzen erzählen. Abends schlafen sie unter den Brücken. Die Ufer gehören dann den Liebenden von Paris, deren Bett an der Seine steht. Darüber liegt die Uferpromenade. Hier kreuzen sich die Wege, manchmal stößt man zusammen, ungeachtet der Rasse oder der Sprache, Touristen und Einheimische treffen aufeinander.

Auf beiden Seiten der Seine gleichen die Pariser Uferpromenaden der Höhle des Ali Baba. Seit fast ewiger Zeit gibt es hier die Verkäufer gebrauchter Bücher, die dem Passanten in großen grünen Schachteln entlang der Geländer Schätze anbieten, die sie bei in Konkurs gegangenen Verlegern fanden oder bei Sammlern aufspürten, deren Nachkommen nicht wussten, was sie mit diesen Bergen Altpapier anfangen sollten, das teilweise von Mäusen angeknabbert war. Alles wird durch Gipsköpfe von Hugo, Voltaire oder Rousseau zusammengehalten. Die Pariser verehren ihre Bouquinisten. So sehr, dass vor einigen Jahren, als man davon sprach, die grünen Schachteln abzuschaffen, das ganze Quartier Saint-Germain mobil machte, um die Gendarmerie aufzuhalten. Eine Einigung war bald erzielt. Man legte Öffnungszeiten fest und Tage, an welchen die grünen Schachteln geschlossen bleiben. An diesen Tagen ketten die Pariser ihre Fahrräder an die Geländer. Die Buchhändler der Uferpromenaden gehören wie die Maler vom Montmartre zum Leben und Stadtbild von Paris.

Wer möchte glauben, dass auf dem Hügel des Montmartre vor kaum hundert Jahren Obstbäume und Weinstöcke wuchsen, und hier einige Hütten und gut vierzig Windmühlen standen! Heute beschützt die Basi-

lika Sacré-Cœur, die von den Parisern „*Chantilly*-Torte" genannt wird und das meist verkaufte Pariser Postkartenmotiv ist, die Maler auf dem Place du Tertre und auch die frivolen Freuden in der Rue Pigalle. Sie hat übrigens ein kleines Geheimnis, das nur wenige Pariser kennen. Sacré-Cœur wurde aus einem Stein aus Château-Landon erbaut, der durch Regenwasser eine weiße Substanz absondert. Also wundern Sie sich nicht über die makellose Farbe der Basilika, denn je mehr es regnet, desto weißer wird sie!

Man weiß nicht, ob unter den Malern auf diesem Platz, die am laufenden Band wohlwollende Touristen porträtieren, nicht ein neuer Renoir, Utrillo, Braque, Picasso, Matisse, Dali oder Toulouse-Lautrec ist, die alle hier lebten und arbeiteten. Die Pariser gehen nicht auf den Montmartre. Sie finden ihn zu banal! Oder sie sind einfach zu faul, um die circa sechshundert Stufen zur Basilika hinauf zu steigen, zum mit 139 Metern höchsten Punkt von Paris. Für die Pariser ist der Montmartre eine Art Anapurna oder K2! Aber man kann darauf wetten, dass sie 1914, bei der Einweihung der Basilika, weniger ermüdende Möglichkeiten fanden, um in den „Siebten Himmel" zu gelangen. Außerdem hat der weitsichtige Gott, der nicht möchte, dass seine Schäfchen außer Atem und unfähig auch nur ein Vaterunser zu beten auf dem Platz seiner Heimstatt ankommen, der Verwaltung der Freien Kommune Montmartre eingeflüstert, eine Seilbahn zu bauen. Offensichtlich genügte das nicht. Schlecht für die Pariser, die nichts vom Charme des Montmartre wissen, von seinen gepflasterten Gässchen, seinen alten Häusern, seinen blühenden Innenhöfen, den alten Laternen, den efeubewachsenen Mauern, den geheimen Wegen und den wilden, an den Hügel geschmiegten Gärten, die den Spitzhacken der Baulöwen widerstanden. Montmartre steht für die *Bohème* und auch für die Frechheit der Straßenjungen; die Unverschämtheit von Gavroche, dem Straßenjungen aus *Les Misérables* von Victor Hugo; die Unverfrorenheit des von Poulbot humorvoll gezeichneten Pariser Lausbuben.

Und es bewahrt auch die Erinnerung an die Windmühlen, deren Flügel den Verliebten Schutz boten. Nur eine dieser berühmten Mühlen steht noch, und zwar auf dem Friedhof – von Montmartre natürlich – wo sie den beigesetzten V.I.P.s Luft zufächelt.

156 | **PARIS IST EIN ABENTEUER**

158 LINKS Der geliebte König Heinrich IV. reitet für immer auf einem magischen Platz von Paris, auf dem Place du Vet-Galant, der den Beinamen des Monarchen trägt.

158 MITTE Klingeltöne kündigen La Fama an, eine wertvolle Statue, die das Tor des Jardin des Tuileries schmückt.

158 RECHTS Die Statuen von Louis Petitot, welche die Enden der 1835 eingeweihten Pont du Carrousel zieren, nahmen den Platz der Wegezolltürme ein.

159 LINKS UND RECHTS Zwei schöne Karyatiden empfangen die Gäste der Künstlervereinigung La Rouche im Quartier Belleville, das rechts zu sehen ist.

159 MITTE Die Moulin de la Galette in der Rue Lepic im Quartier Montmartre vermittelt eine seltsame Zeitlosigkeit.

Alle Pariser Friedhöfe sind endgültig zugeschlagene Geschichtsbücher. Auf dem Adelsfriedhof von Passy ruhen zahlreiche Opfer der Guillotine aus der Revolution, und auf den Gräbern liest man die größten Namen Frankreichs. Der Friedhof Saint-Blaise ist eine winzige Enklave nahe der ältesten Kirche von Paris, von wo aus die Pilger nach Santiago de Compostela aufbrachen. Der geheime Friedhof Calvaire öffnet nur einmal im Jahr seine Pforten, am 1. November von acht bis 18 Uhr. Es stimmt, dass es schon seit einiger Zeit keine Nachkommen mehr gibt, die Blumen auf die hier befindlichen Merowingergräber legen könnten. Der Friedhof Père-Lachaise ist eine Welt für sich! Er ist ein großer romantischer und stiller Garten, wo man sich ohne Plan nicht zurecht findet, der zum Glück kostenlos am Eingang bereitliegt. Freundschaftliche Geister füllen ihn, eigenen Klagemauern, wo seine Illusionen und Gewissheiten zerbersten. Auf dem Friedhof Père-Lachaise gibt es Unmengen von Statuen, die nicht alle mit gutem Grund dort stehen. Aber vielleicht stellte man sie hier auf, weil man keinen anderen Ort dafür finden konnte oder wollte. In Paris gibt es tausende Statuen! Ein ganzes Volk aus Bronze und Marmor bevölkert Plätze, Kreuzungen, Straßenecken, öffentliche Gärten und die langen Treppen zu den offiziellen Gebäuden… Und wenn es an Platz mangelt, stellt man sie einfach auf eine Säule, bringt sie an Hausfassaden und sogar auch Dächern an! Vor dem Krieg gab es sogar noch mehr, aber die deutschen Besatzer demontierten etliche und brachten sie in Gießereien, die sie dann als Kanonen wieder verließen, die seit damals vor sich hinrosten. Für die Pariser lässt sich alles in Statuen verwandeln: berühmte Männer und andere, Gefühle, Gemütszustände, Mythen und Ideen. Manche Statuen überraschen, wie der berühmte Zentaur von Cäsar aus in Bronze eingelassenen Bolzen, Putztüchern und Besenstielen, der inmitten des Quartier Latin aufgestellt wurde. Oder sie machen sprachlos, wie die abgebrochenen Säulen von Buren im Garten des Palais Royal, denen die Pariser in Ermangelung eines künstlerischen Inhalts eine Funktion gaben: „Sitzplatz für Vögel, Schemel für Kinder, Laternenpfähle für Hunde"!

Daten und Epitaphe treffen hier aufeinander und ziehen Bilanz aus den flüchtigen Leben anonymer und berühmter Menschen. Diese Berühmtheiten, denen man sich als Lebender nur so schwer nähern konnte, sind hier so aufmerksam und ansprechbar, jetzt, wo sie die Ewigkeit vor sich haben. Nachdem man Colette, Musset, Chopin, Piaf, Modigliani, Apollinaire, Wilde, Montand, Proust, Molière, Jim Morrisson und dem in der Ewigkeit vereinten Paar Abaelard und Heloïse einen Besuch abgestattet hat, muss man wenigstens eine Minute vor der nackten, weißen Wand innehalten, wo die letzten Kommunarden, atemlos und ohne Munition, 1871 unter den Salven von Mac Mahon fielen. Manchmal hat Paris seine

Glücklicherweise sind die meisten Pariser Statuen beeindruckend: Die Marschälle des Kaiserreichs halten an der Fassade des Louvre Wache; die Königinnen des Jardin du Luxembourg; die Freiheitsstatue, eine Miniatur des Geschenks von Frankreich an New York, illuminiert Paris von der Spitze der Schwaneninsel aus; der Balzac von Rodin scheint den Verkehr an der Ecke des Boulevard Raspail zu regeln; die vier Grazien, Symbole für Frankreichs Städte, auf den Pavillons des Place de la Concorde. Juliette Drouet, die Geliebte von Victor Hugo, stand für Straßburg Modell. Und wie sollte man sich nicht in die Schönen von Maillot verlieben – auch wenn sie aus Bronze sind –, die Sommer wie Winter nackt in Garten der

158 | PARIS IST EIN ABENTEUER

Tuilerien schlafen und von den Küsten des Mittelmeers träumen, wo sie geboren wurden. Die Straßennamen in Paris führen überall hin. In alle Länder der Erde. Die Straßen nach Rom, Flandern, Danzig, London, Saigon, Madagaskar. Die Avenue nach New York. Die Passage nach Kairo. Die Plätze nach Mexiko, Italien, Stalingrad und Warschau. Und sie führen auch ins antike Griechenland mit dem Montparnasse. Aber auch alle Straßen der Welt führen nach Paris. Sicherlich wegen des Bahnhofs und seiner Rue du Départ und de l'Arrivée, aber vor allem dank der Studenten des 18. Jahrhunderts, die hier ihre Dutzende Gedichte vortrugen und die Orte den griechischen Dichtern widmeten.

Auf dem Montmartre tummelt sich die volkstümliche Bohème, auf dem Montparnasse die schicke Bohème. Man merkt es sofort, wenn man durch die Straßen des Viertels schlendert, wo sich die komfortablen, von Norden dank großer Fenster dezent beleuchteten Künstlerateliers in Sackgassen verstecken, blühend und peinlich genau durch digitale Nummerncodes geschützt. In unseren Tagen sind hier nicht viele Künstler übrig geblieben. Die Mieten stiegen in schwindelnde Höhen! Aber früher, ab 1900, fanden Poeten, Musiker, Schriftsteller und politische Flüchtlinge hier ihren Hafen. Lenin und Trotzki lebten auf dem Montparnasse. Nach dem Zweiten Weltkrieg führten die Amerikaner den Montparnasse zum Erfolg. Doch in Wahrheit kamen Hemingway, Henry Miller, Gertrude Stein, Man Ray, Ezra Pound und die anderen wahrscheinlich nach Paris, um dem damals prüden Amerika zu entfliehen und zu einem niedrigen Preis die Freuden von Paris zu genießen, und nicht um zu malen oder zu schreiben. Schon damals war der Wechselkurs des Dollar sehr interessant! Die Verlorene Generation ließ viel Geld auf den Tresen dieses Viertels! In der *Closerie des Lilas* kennzeichnet ein Kupferschild den Tisch, an dem Hemingway immer saß. Die Pariser sind auch dankbar. Beim Zusammentreffen mit Soutine, Foujita, Zadkine, Chagall, Klee und anderen emigrierten Künstlern, die nicht über ihre finanziellen Möglichkeiten verfügten, machten sich die Pariser, und schließlich auch die Amerikaner, an die Arbeit. Und glücklicherweise entstanden einige Meisterwerke: *Quiet days in Clichy, Paris est une Fête* und andere, und es entstand die Sicherheit, dass sich etwas aus unserer Zeit hier zutrug, zwischen *Dôme* und *La Coupole*, im Dunstkreis von Zigarren und Alkohol. Und auch der Jazz eroberte von hier aus Europa. Es ist wahr: Paris ist ein Fest. Ein ewiges Fest, das immer wieder von neuem beginnt. Bei Festen haben die Pariser einen angeborenen Sinn für Improvisation! Ende der 1990er Jahre versuchte die *préfecture de police*, mehrmals mit zusammengebissenen Zähnen die berühmten *nuits blanches* zu verhindern. Das Spiel war einfach. An einem Nachmittag, vorzugsweise im Sommer, wurde in Paris der Name eines bis zum letzten Moment geheimgehaltenen Ortes in Windeseile verbreitet, wo man sich bei Einbruch der Nacht treffen sollte. Im Allgemeinen war dies ein für Paris bedeutender Ort: die Plätze Vendôme, de Fürstenberg oder Dauphine, die Passerelle des Arts oder die Rue Saint-Louis-en-l'Ile. Magie der Mobiltelefone, die Adresse wurde erst im allerletzten Moment mitgeteilt und die Herausforderung bestand darin, zu einer genauen Uhrzeit vor Ort zu sein. Nicht früher und nicht später. Genau in diesem Augenblick, wenn die Glocken des Viertels die Uhrzeit des Treffens anzeigten, blockierten hunderte aus dem Nichts aufgetauchte Autos den Verkehr. Die Fahrer holten Klappstühle und Campingtische aus dem Kofferraum, die sie elegant aufstellten, und auch Proviant und Flaschen. Hier, unter freiem Himmel, am schönsten Ort von Paris, improvisierte man dann ein Abendessen mit zweihundert bis dreihundert Menschen, die sich einige Stunden vorher noch nicht gekannt hatten und jetzt Gänseleber, Champagner und Likör miteinander teilten. Zur großen Freude der Anlieger, die sich häufig dem Fest anschlossen! Wenn die Polizei dann endlich vor Ort ankam, waren alle verschwunden, spurlos, nicht einmal fettige Pappteller hatten sie zurückgelassen!

Eine Frage der Vererbung. Die Pariser sind lustig, frech, respektlos und immer zu einem Scherz aufgelegt. Mit einem Wort: Sie sind frei!

Hier weht ein Wind der Freiheit, der manchmal zum Sturm oder sogar zum Unwetter wird. Die Pariser Geschichte ist gespickt mit diesen unvorhergesehenen und unkontrollierbaren Stürmen, die die Stadt und die Persönlichkeit ihrer Bewohner formten. Dies ist das so genannte „Pariser Flair". Dieses Flair, das – hört man auf Verlaine – demjenigen eine Seele einhaucht, der keine hat.

160-161 Die Gegenüberstellung von Gegensätzen ist oft die philosophische Basis beim Entwerfen von Schmuck. Antik-modern, klassisch-innovativ sind die Komponenten eines ausdrucksvollen Kodex, der wegen seiner Ambivalenz niemanden unberührt lässt.

162 und 163 Ob im Halbschatten oder im Licht – flüchtige Bilder erscheinen hier und da in der diskreten Welt der Pariser Cafés: Details aus anderen Zeiten, weisse Häubchen und Kostüme im fin de siècle-Stil erinnern an eine verträumte Vergangenheit, die niemals ganz verging.

PARIS IST EIN ABENTEUER | 161

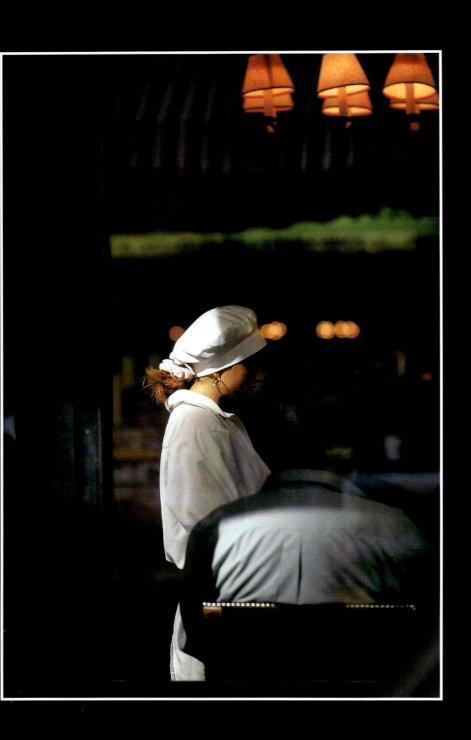

164 UND 165 An der Grenze zwischen ober- und unterirdischer Welt weisen im Zentrum von Paris herrliche Schmiedeeisenarbeiten auf die Eingänge zur Métro hin. Die schöne Ausstattung stammt jedoch nicht aus den Anfangsjahren des 20. Jahrhunderts, wie der Art-déco-Stil vermuten lassen könnte, sondern aus den 70er Jahren. Dennoch scheinen sie aus der Zeit der ersten Métro zu stammen, die 1900 in Betrieb ging.

164 | PARIS IST EIN ABENTEUER

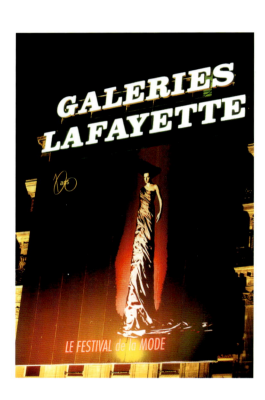

166 UND 167 Die Galeries Lafayette (der Name erinnert an den ersten Standort des Kaufhauses zwischen der Chaussée d'Antin und der Rue Lafayette) sind ein Schauplatz des exquisiten Konsums. Die riesige verglaste Kuppel aus den Anfängen des 20. Jahrhunderts blieb erhalten, und das Ambiente hat sich seither nicht verändert: Das Lafayette machte als Konsumtempel weltweit Schule.

166 | PARIS IST EIN ABENTEUER

168 UND 169 Eine ganz andere Art von Feierlichkeit strahlt der Lesesaal der Bibliothèque Nationale aus dem 19. Jahrhundert aus. Hier werden zwölf Millionen Bücher aufbewahrt. Den stillen Raum zieren schlanke Säulen, die seine Grösse noch hervorheben.

170 UND 171 In der Opéra Garnier auf Spitzenschuhen: Die Ballerinen des legendären Bolschoi-Theaters aus Moskau bereiten sich auf ihren Auftritt vor.

172-173 Paris ist eine Symphonie aus reicher Ornamentik und strengen Kollonaden. Oft unerwartet, lassen Strassenmusikanten hier ohne Scheu vor historischen Kulissen ihre Musik ertönen.

174 UND 175 Gemeisselte Emotionen und in Skulpturen gesuchte Gefühle: Die weinende Statue auf dem Grab Richelieus in der Chapelle de la Sorbonne; ein Besuch in der Statuensammlung des Louvre.

PARIS IST EIN ABENTEUER | 169

176 UND 177 Die „Krönung Napoléons und Joséphines" von Jacques-Louis David; „Die Freiheit führt das Volk an" von Eugène Delacroix. In den Sälen des Louvre ist es nicht schwer, in die Geschichte einzutauchen. Wie jeder von Paris Begeisterte weiss, schwingt zwischen den echten Emotionen und den von der Kunst geschaffenen Gefühlen Pathos mit.

PARIS IST EIN ABENTEUER | 177

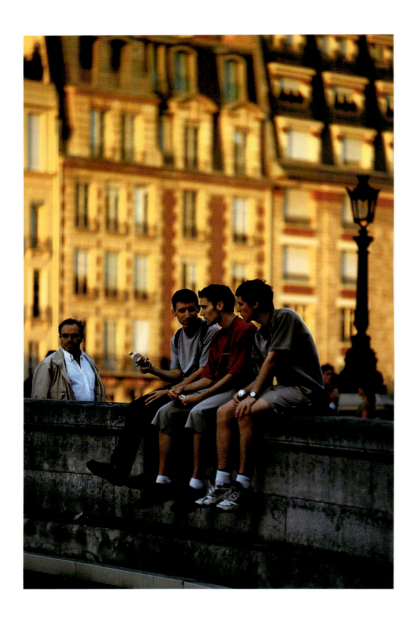

178 UND 179 Die Pont Neuf, die 1607, im Jahr ihrer Einweihung, „neu" war, überquert den Westen der Ile de la Cité von einem Ende zum anderen.

180-181 Schreibverrückte „Balancierkünstler" und anonyme Gegner der Eintönigkeit geben den Pariser Ecken und Winkeln immer einen aktuellen Anstrich, in diesem Fall an der Pont Bir Hakeim.

182-183 Um die verschiedenen Seiten seiner Schönheit zur Schau zu stellen, vertraut das kapriziöse Paris oft auf die instabile Wetterlage. Die Pont Alexandre III., vielleicht die schönste der Stadt, offeriert hier ein dramatisches Farbenspiel mit Statuen, die zum Leben zu erwachen scheinen, und mit Formen, die von tiefen Schatten modelliert werden.

184-185 Abends spielt sich das Leben in den erleuchteten Fenstern der oberen Stockwerke ab, in den Mansarden, die so sehr zum Charme von Paris beitragen. Dominiert wird alles vom eindrucksvollen, Sicherheit ausstrahlenden Eiffelturm, der denselben Eindruck von Vertrautheit vermittelt, der von dem Anblick der Dächer über Paris ausgeht. In der „Stadt über der Stadt" regiert die Romantik.

PARIS IST EIN ABENTEUER | 183

186-187 und 188-189 Die Stände für gebrauchte Bücher und Drucke am Quai Saint-Michel ebenso wie die Buchläden in der Rue de la Boucherie zählen zu den bevorzugten „Pilgerstätten" der Bibliophilen aus aller Welt. Für denjenigen, der sich vom Geruch des bedruckten Papiers verführen lässt, verbergen sich in diesen verstaubten, etwas verlassen wirkenden Kulturtempeln wahre Überraschungen und grosse Emotionen.

190 Gebraucht bedeutet nicht minderwertig: Der Wiederverkauf von Büchern direkt gegenüber der Ile de la Cité bietet neben Unmengen interessanter, oft Jahrzehnte alter Taschenbücher auch gewichtige und wertvolle Jahrhundertbände.

191 Ein Antiquitätenladen offeriert eine angenehme und unerwartete Begegnung mit einem Heiligen. Der Heilige Michael wendet sich mit segnender Geste der Strasse zu, die sich im Schaufenster spiegelt.

192-193 Biegt man in Paris um eine Strassenecke, kann es passieren, dass man sich in einer Märchenwelt wiederfindet, die Realität geworden ist: Die Kunst der Wandmalerei – hier in der Gegend der Rue Max Dormoy – wird in der französischen Hauptstadt von grossartigen Interpreten gestaltet.

PARIS IST EIN ABENTEUER | 187

194 LINKS Vielfältige Baustile überlagern sich im Stadtzentrum und bilden die abwechslungsreiche Kulisse der Rue Saint-Michel.

194 RECHTS Eine etwas melancholische und unbekümmerte Lebensfreude drückt das perfekte Zusammenspiel von Paris mit den Parisern aus, wie der Klang eines Pianolas.

VON 196 BIS 199 In der Gegend des Place du Tertre lebten und starben viele der leicht verrückten Maler aus der Bohème des 19. und 20. Jahrhunderts. Noch heute liegt hier das „Kunstviertel", das Maler, Sammler und Neugierige bewohnen und besuchen, die sich nicht selten von einem der mehr oder weniger bekannten, geschätzten und vom Glück bevorzugten Künstler porträtieren lassen. Jedenfalls ist die Luft, die man auf dem Montmartre atmet, ein wunderbarer Grund, um ab und zu dem „grösseren" Paris – dem Paris der grossen Historie, der grossen Bauwerke und des grossen Verkehrsstaus – zu entfliehen.

194 | PARIS IST EIN ABENTEUER

200 UND 201 Der Beruf des Trödlers, der hier mit dem edlen Namen „Brocanteur" (Antiquitätenhändler) bedacht wird, ist ein wichtiges Element der Pariser „Traumfabrik". Die Märkte in Clignantcourt, Vanves und Montreuil, wo es von allem etwas gibt, sind gefühlsbetonte Etappen auf dem Weg in eine Welt, die Geschichten von kleinen Dingen, von alltäglichen Gegenständen aus vergangenen Tagen erzählt. Doch Zeit spielt in diesen staubigen Läden keine Rolle.

DAS PARIS DER TRÖDLER

Der Flohmarkt von Saint-Ouen ist der Schauplatz einer der schönsten Geschichten von Paris.

1942. Paris ist besetzt. Der Serpette-Markt in Saint Ouen öffnet nur einmal in der Woche, am Sonntag, und es kommen mehr Händler als Käufer. Die Pariser versuchen, auf den Flohmärkten alles zu verkaufen, was verkäuflich ist.

Eines Tages bleibt ein Altwarenhändler vor einem Zigeuner stehen, der neben einem alten, abgebauten Pferdekarussell auf dem Gehsteig sitzt. Das Karussell ist ein schiefer Haufen Holz und sieht im Regen zum Weinen aus.

Der Altwarenhändler wühlt schnell in dem Haufen und macht ein Preisangebot. Der Zigeuner akzeptiert es ohne Diskussion, froh darüber dieses feuchte, morsche Holz loszusein, das nicht einmal mehr zum Heizen dienen kann. Der Altwarenhändler verspricht, in einer halben Stunde mit dem Geld und zwei Handlangern zurückzukommen, um das Holz aufzuladen.

Der Verkäufer wartet geduldig. Es kommt ein zweiter Altwarenhändler vorbei und interessiert sich für das abgebaute Karussell. Er fragt nach dem Preis und der Zigeuner erklärt ihm in aller Ruhe, dass das Karussell bereits verkauft sei, und der Käufer mit der vereinbarten Summe gleich wiederkomme. Aber wenn es doch noch nicht bezahlt ist, dann steht es doch noch zum Verkauf! Nichts zu machen. Ein Mann ein Wort. Der Mann kann den Preis erhöhen, gar das Vier- oder Fünffache bieten, auch zehnmal soviel wie der erste Altwarenhändler – nichts zu machen. Mit in den Taschen vergrabenen Fäusten wartet der Zigeuner auf seinen Kunden, der sicherlich kommen wird, denn er gab ihm ja sein Wort. Der erste Altwarenhändler kommt erst nach einigen Stunden wieder. Der Zigeuner ist immer noch da, mit stoischer Ruhe steht er im Regen. Er steckt wortlos das Geld ein, dreht sich auf dem Absatz um und verschwindet.

1946. Der Krieg ist aus. An einem Sonntagmorgen kommt ein anständiger Mann zum Leiter des Flohmarktes und fragt ihn, ob er sich an einen gewissen Zigeuner erinnere, der ihm während des Krieges eine alte Drehorgel verkauft habe. „Ein Zigeuner! Welcher Zigeuner? Es gibt tausende in dieser Gegend. Sie können ihn hier finden, wenn er noch da ist." Der Mann läuft stundenlang auf dem öden, schmutzigen Platz umher, drängt sich an kaputten Zirkuswagen vorbei, und er findet seinen Zigeuner, der seelenruhig unter einem Vordach sitzt und Pfeife raucht. „Haben Sie mir vor drei Jahren das alte, hölzerne Pferdekarussell verkauft?"

„Warum? Ist es nicht in Ordnung? Ich nehme es jedenfalls nicht zurück." „Aber ja, es ist in Ordnung! Es läuft sogar zu gut… Ich bin nur gekommen um Ihnen den Betrag zu bringen, den ich Ihnen schulde."

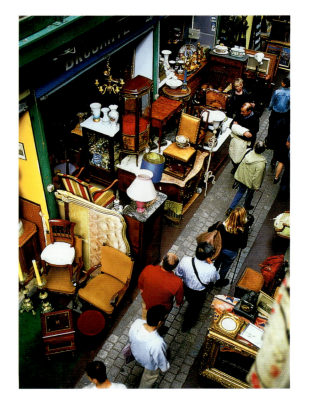

„Sie schulden mir nichts. Sie haben schon alles bezahlt." „Bezahlt ja, aber nicht das, was es wert war. Ich sah, dass alle Paneelen von Toulouse-Lautrec bemalt waren. Ich habe sie nach Amerika weiterverkauft, für das tausendfache dessen, was ich Ihnen bezahlte. Ich bin gekommen, um den Gewinn mit Ihnen zu teilen."

Geschichten wie diese erzählt man sich tausende auf den Flohmärkten der Porte de Clignancourt, von Vanves oder Montreuil. Heute gibt es wenig Gelegenheit, am Stand eines Lumpensammlers oder eines Alteisenhändlers einen Gallé oder Picasso zu Spottpreisen zu erstehen.

Denn die Antiquitätenhändler aus der Rue Jacob oder aus dem Faubourg Saint-Honoré waren schon da!

202 UND 203 Ob es sich nun um antike Möbel, um originale Gemälde eines begabten Sonntagsmalers oder sogar um die populärsten Kitschtrophäen handelt, endlos viele ersehnte Dinge erregen das Interesse der Liebhaber alter und kurioser Gegenstände. Sie schlendern durch die Gassen, wo die „puciers" ihre Waren feilbieten. Die Käufer haben ein hehres Ziel: Sie wollen die Erinnerung an vergangene Zeiten bewahren, sie ins Leben zurückholen und ihnen wieder eine Funktion geben.

Die „Flöhe" stehen zeitig auf! Schon um fünf Uhr kommen die internationalen Antiquitätenhändler am Sonntag im Licht der Taschenlampe, um Kunstgegenstände zu erstehen. Lastwagen kommen aus allen Richtungen, wenn die *puciers* beginnen, ihre Waren auszustellen. Es ist ein wahrer Dschungel. Man braucht ein geschultes Auge, um unter einer unglaublichen Schmutzschicht einen Daum der 1930er Jahre oder eine von Schimmel bedeckte Gravur aus dem 18. Jahrhundert zu erkennen.

Um sieben Uhr öffnet der Markt offiziell. Jetzt ist er ein pittoresker Jahrmarkt, wo man mit einer Tüte Pommes frites von Stand zu Stand schlendert, um bizarre Dinge oder echte Kunstwerke zu entdecken. Jede Woche überschwemmen 200.000 Besucher zwischen Samstag und Montag die hunderte von Gassen der 13 Märkte von Saint-Ouen, verfolgt von Wahrsagerinnen in Volantröcken und falschen Verkäufern, die versuchen, Dinge zweifelhafter Herkunft zu verhökern. Die Terrassen der kleinen Bistros, wo man Muscheln *alla marinara* mit dem Kochlöffel serviert, werden gestürmt, sowohl von Kunden als auch von Rosenverkäufern und Gitarristen, Klone von Django Reinhardt, die nur drei Tage Zeit haben, um ihren Teller kreisen zu lassen. Man kommt auf diesen Jahrmarkt, um in angenehmer Atmosphäre eine Zigarettenspitze aus Elfenbein oder eine afrikanische Maske vom Beginn des 19. Jahrhunderts zu ergattern, vielleicht in der vergangenen Woche aus einer Werkstatt an der Elfenbeinküste importiert, die diese Dinge in Serie herstellt. Man sucht eine Partie Spitze, ein Designerstück, ein seltenes Möbel oder ein Meistergemälde, immer in der Hoffnung, einem wirklich oder scheinbar ahnungslosen Verkäufer für ein Butterbrot ein Objekt abzuluchsen, das andere übersahen! Viele gehen wieder in der Gewissheit, ein Schnäppchen gemacht zu haben. Lernen tut man immer etwas, auch wenn es im täglichen Leben nicht unbedingt nützt. Man fühlt sich ein bisschen gebildeter, wenn man weiß, dass Badewannen bis ins 18. Jahrhundert aus Kupfer waren, Ebenholz aus Madagaskar mit Reinigungsmilch poliert wird, oder dass die Damenkorsetts des Zweiten Kaiserreichs 54 Löcher für die Verschlusskordeln hatten. Die Flohmärkte sind ein Beweis dafür, dass unsere Zeit vergesslich und flexibel ist, denn sie gerät übergangslos von der Vergesslichkeit ins Schwärmen. Die Flohmärkte von Saint-Ouen kreierten viele *Déco*-Moden. Der Stil Heinrich III. und die erste Barockzeit, die beide in den Kaminen enden sollten, erfuhren hier eine neue Jugendzeit. *Art déco*, *art nouveau*, der Stil Napoleon III., das Mobiliar der 1930er Jahre, die Keramiken von

Karamis, die Glasarbeiten von Gallé, erst die 1950er, danach die 1960er Jahre, alle Zeiten erlebten hier eine Wiedergeburt. Und das innerhalb von nur 150 Jahren. Saint-Ouen entstand 1841. Damals beschloss der Ratspräsident Adolphe Thiers, eine befestigte Stadtmauer um Paris zu errichten, die die Stadt von den Vororten trennen sollte. Die Befestigungen wichen den *boulevards périphériques*, der großen Umgehungsstraße. Außerhalb dieser Mauer befand sich die *zone*, eine Art Niemandsland. Hier wohnte die arme Bevölkerung, die von den Dingen lebte, die sie in den reichen Vierteln im Abfall fand. Die Pariser gewöhnten es sich an, dorthin zu gehen, um Dinge des täglichen Gebrauchs für wenig Geld zu erwerben, vor allem Möbel, oft beschädigte, die man aber nur reparieren und neu lackieren musste, um sie wieder verwenden zu können.

Man weiß zwar, wann die Flohmärkte entstanden, aber der Ursprung ihres Namens ist unklar. Man sagt, Thiers selbst habe ihn erfunden, als er eines Tages die *zone* besuchte. Von der Festung aus blickte er auf ein Gewirr verschiedenster Dinge – von Eisenwaren bis Lumpen – und soll gesagt haben: „Hier ist der Treffpunkt der Flöhe!" Andere neigen eher zu einer Version, nach der ein Polsterer den Terminus erfand... Jedenfalls brachte der Name Glück, man findet ihn in jeder Sprache in allen Ländern der Erde.

Der Markt von Saint-Ouen ist heute der Dachboden dieses Planeten! In wenigen Stunden kann man hier mehrmals um die Welt reisen und mit den Jahrhunderten und den endlosen menschlichen Träumen Fangen spielen... Es ist ein gigantischer Platz, überwacht und sehr sicher, denn die große Pariser Welt besucht ihn regelmäßig. Nicht selten trifft man hier Kinostars, bekannte Schriftsteller und Politiker, die am selben Morgen noch im Fernsehen zu sehen waren. Vielleicht kommen sie hierher, um über die Vergänglichkeit des Ruhms nachzudenken, wenn sie vor den Büsten aus gesprungenem Gips oder beschlagener Bronze stehen, die Berühmtheiten vergangener Zeiten darstellen, die heute ganz in Vergessenheit geraten sind und inmitten des Krimskrams aus verstaubten Dingen endeten. Ganz Paris geht zum Flohmarkt mit kindlicher Seele und dem Gefühl, an einer Schatzsuche teilzunehmen!

Das Phänomen ist nicht neu. Schon in den 1930er Jahren fand Matisse hier seine berühmte afrikanische Maske. André Breton, der Pontifex des Surrealismus, ging an Sonntagnachmittagen am liebsten über die Flohmärkte. Er interessierte sich nicht für den Preis der Sachen und er pfiff darauf, wenn er einen gelöcherten Löffel erstand, mit dem angeblich Verlaine seinen Absinth gelöffelt hat, oder ob es das Gemälde eines absolut unbekannten Sonntagsmalers war. Es heißt aber, kürzlich sei ein braunes Rindenstück aus seinem Besitz zu einem Schwindel erregenden Preis bei einer der berühmten Auktionen seiner persönlichen Dinge aufgerufen worden. Breton selbst sagte über den Krimskrams, den er sammelte: „Es sind Dinge, die man nirgendwo anders findet, aus der Mode gekommen, unbrauchbar, Fragmente, unverständlich und oft pervers. Aber sie haben die Macht, uns an Menschen zu erinnern, die wir gar nicht kannten."

Die kleine Geschichte von Paris liegt in den Waschkörben seiner Flohmärkte. Alle Dinge, die dort ausgestellt und versteigert werden, sind die letzten Worte der Geschichten, deren Anfang man niemals kennen wird. Geschichten, bei denen man alle Zeit der Welt hat, um sie nach eigenen Vorstellungen neu zu erfinden. Das Anziehende an diesen Dingen ist ihre unsichtbare, geheime und mysteriöse Seite. Die Dinge träumen. Und wenn man sie betrachtet, träumt man mit ihnen. Man ist ganz woanders. Zunächst. Man lässt sich von der Melancholie der fliehenden Zeit einfangen und bedauert heimlich, dass auch sie wie im Fluge vergeht.

PARIS IST EIN ABENTEUER | 203

204-205 UND 206-207

Flohmarktstände bieten eine unglaubliche Mischung unterschiedlicher Gegenstände und Figuren. Symbole und Träume werden in diesem farbigen Durcheinander Realität. Man braucht schon ein gutes Auge, um das „seltene Stück" zu entdecken, aber man weiss ja, mancher Glückspilz findet unter der Staubschicht ein echtes Meisterwerk.

204 | PARIS IST EIN ABENTEUER

Die STADT der FREUDE

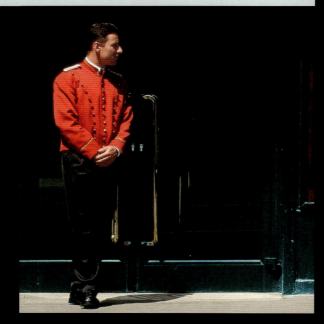

208 VON LINKS NACH RECHTS UND 209 Ein Werbeplakat auf den Champs Elysées; ein Café im Quartier Marais; ein Concierge vor Maxim's, vielleicht dem berühmtesten Restaurant der Welt; verführerisch verpackte Leckereien einer Pâtisserie im Zentrum; ein *DEFILÉE* von Yves Saint-Laurent.

210 UND 211 Köstliche „Stillleben" auf den Lebensmittelmärkten von Paris. Die ultramoderne Hauptstadt kann auf Frische nicht verzichten: um das zu entdecken, kann man durch die verlockend duftenden *RUELLES* im Zentrum gehen, zum Beispiel die Rue Mouffetard.

DAS PARIS
der FEINSCHMECKER

Stellen Sie sich vor, Sie schlenderten eilig durch dieses wundervolle Paris zum Eiffelturm oder zum Louvre und träfen plötzlich, am Ende einer Straße oder an einem Métroausgang auf einen Ort, wo die Zeit stehen bleibt und überquillt von Farben, Düften, Lachen und Geschrei.

Ein Pariser Markt! Auf den ersten Blick gleichen diese mit einheitlich grünen Vordächern ausgestatteten Fußgängerzonen, die sich über ganze Straße und ihre Plätze erstrecken, allen anderen Märkten der Welt. Doch kaum hat man sie betreten, verändert sich die Atmosphäre. Auf den engen Ständen mischen sich Farben und Gerüche: aufgetürmte Früchte, Gemüsesteigen, Berge von Käse, Wurstkränze, Pfingstrosen, kunstvoll auf Eis dekorierte Fische mit Algengarnitur. Über allem liegt der Geruch von Grillhähnchen und frisch gebackenem Brot. Und in einem unbeschreiblichen Chaos, das rhythmisch vom Rufen der Verkäufer unterbrochen wird, die an strategisch günstigen Punkten Töpfe und Pfannen feilbieten, weicht man in Schlangenlinien vollgestopften Taschen, Einkaufs- und Kinderwagen aus. Die Händler brüllen, rufen und schreien den unentschlossenen oder unbeeindruckten Kunden nach. Das Malerische, die spontane Volksseele, die Poesie der Pariser Märkte! In diese Märkte muss man eintauchen, sich die Rolle eines neugierigen Passanten bewahren, an der Freiheit der Geräusche, des Lachens, der Anekdoten und Gesten teilhaben, und den eigenen Wortschatz und die Redegewandtheit schärfen. In diesem Schmelztiegel von Kultur, Geschmack und Ideen trifft sich ganz Paris, man spricht miteinander und gratuliert sich ohne Animositäten. Die Politiker wissen das so gut, dass sie hierher kommen um potenzielle Wähler zu werben; sie schütteln Unbekannten die Hände, als seien diese ihre nahen Verwandten; sie umarmen ältere Damen, die dann abends bei Tisch etwas zu erzählen haben; sie streicheln Kindern über den Kopf, die – wie erst kürzlich geschehen – diesen Moment nutzen, um ihnen die Taschen zu durchwühlen. Es gibt zwölf überdachte Märkte und 62 unter freiem Himmel, die jeden Tag des Jahres stattfinden, ob es nun regnet, ob der Wind pfeift oder ob es schneit. Jeder Markt hat seine Spezialität, seinen Charakter und seine wahrlich pittoresken Persönlichkeiten. Der Mark Saint-Charles, der Markt Belgrand, der Markt des Batignolles, der Markt de la Mouffe ... Einer der ältesten, der Markt Montorgueil, ist mit seinen etwa fünfzig Ständen das Einzige, was von Les Halles übrig blieb, von den alten Märkten, die bis 1969 der größte Lebensmittelmarkt weltweit waren. Emile Zola nannte ihn den „Bauch von Paris" und beschrieb ihn sehr naturalistisch. Er war ein ganzes pulsierendes Viertel, das von Sonnenauf- bis Sonnenuntergang nach seinem eigenen Rhythmus, seinen Gesetzen, seiner Kultur, seiner farbigen Ausdrucksweise und seinem revoltierenden Benehmen funktionierte. Hier entstanden die Folklore des gemeinen *parisien* und seine Galerie der für immer unsterblichen Porträts: Bilder von Menschen, die standfest wie Ochsen sind, große und zu Raufereien bereite Arbeiter; Mannweiber mit arroganter Ausdrucksweise und wenig urwüchsige, fliegende Blumenhändler; Gendarmen in Hemdsärmeln und aufgeweckte Gassenjungen; Laufburschen der Schlachtereien, etwas voyeuristisch, von generöser Herkunft, die nach der Arbeit zum Klang der Ziehharmonika mit den Damen der Oberschicht tanzten, die perlenbestickte Abendkleider von Poiret trugen und ihre Hitzewallungen hier kurierten, bei den Volksbällen in der Rue des Vertus.

Heute ist zwar das Herz noch immer hier, aber der Magen ist anderswo. In Rungis, an der Straße zum Flughafen Orly. Rungis ist eine Welt für sich. So groß wie das Fürstentum Monaco. Die überdachten Märkte entsprechen der Fläche von Fußballfeldern. Täglich werden hier 20.000 Kunden von sechstausend Verkäufern bedient! Zwanzig Banken eröffneten hier Niederlassungen. Beeindruckend, gigantisch – eines Rabelais würdig.

DIE STADT DER FREUDE | 211

212 LINKS Alle, von La Fontaine über Robespierre bis zu Diderot, liessen sich von dem vorzüglichen Café Procope verführen. Die Legende des Cafés erzählt, dass ein gerade ernannter, kleiner Leutnant, ein gewisser Napoléon Bonaparte, seinen Kaffee bei Procope einmal nicht zahlen konnte und deshalb den Strohhalm als Pfand hinterlegte.

212 MITTE UND RECHTS Die 1880 gegründete Brasserie Lipp hatte so bedeutende Stammgäste (Proust und Camus beispielsweise, aber auch eine Reihe zukünftiger Politiker und Schauspieler), dass die Regierung sie in die Liste der denkmalgeschützten Orte aufnahm. Der Grand Vefour, rechts, ist seit dem 18. Jahrhundert Teil der Geschichte von Paris: Es gibt hier den Lieblingstisch von Colette, den von Napoleon, den von Hugo …

213 LINKS Im Grand Salon von Maxim's sind die goldenen Zeiten der Belle Époque nicht Vergangenheit. Das legendäre Pariser Restaurant wurde 1893 von einem ehemaligen Kellner, Maxime Gaillard, eröffnet, der den letzten Buchstaben seines Vornamens als Hommage an den „anglophilen" Zeitgeschmack wegfallen liess.

213 RECHTS Der Chefsommelier des Tour d'Argent mit einer sicherlich sehr wertvollen Flasche in Händen: dieses Restaurant, das wegen seines Seineblicks berühmt ist, gilt als der Inbegriff des Luxus – sogar in Paris.

214-215, 216 UND 217 Das Personal bei Maxim's, vom Concierge am Eingang bis zu den Kellnern, besteht aus erstklassigen Profis. Die mit dem Weinausschank betrauten Angestellten können beispielsweise am Aussehen und Verhalten des Kunden feststellen, was sie anbieten. Der Arrangeur des Blumenschmucks ist ein begnadeter Künstler und der Oberkellner ist auch ein Experte für Zigarren.

Apropos Rabelais! Der herausragende Pariser Autor bescherte der französischen Literatur eine ihrer blutrünstigsten Figuren: Pantagruel. Dieser gefräßige Riese, der alles briet, was seinen Bauch runder werden ließ, hatte dennoch leider nie die Gelegenheit, in einem Restaurant zu speisen. Aus gutem Grund, denn damals, im 15. Jahrhundert, gab es noch keine richtigen Restaurants.

Natürlich gab es an den Straßen Wirtshäuser und in den Städten Schänken, doch dort aß man, was es eben gerade gab … Wenn es überhaupt etwas gab.

Das Wort „Restaurant" entstand zu Beginn des 18. Jahrhunderts und bezeichnete eine scheußliche Fleischsuppe, die den Hungrigen „restaurieren", das heißt wiederherstellen sollte, anstatt ihn ins Jenseits zu befördern, was geschehen konnte, falls der Koch zufällig abgelenkt war und Zaubergewürz über die Suppe streute.

Die Restaurants, wie wir sie kennen, entstanden zur Zeit der Revolution, als die *Sansculottes* die Köche der Aristokraten arbeitslos machten, indem sie ihren Arbeitgebern die Kehlen durchschnitten und den Köchen nahe legten, ihr Talent demokratischer zu nutzen. Das erste Restaurant in Paris war das *Grand Véfour*, das noch heute besteht. Es war so erfolgreich, dass sein Eigentümer innerhalb von drei Jahren ein Vermögen verdiente und aus Angst vor dem Neid und den Anzeigen weniger glücklicher Kollegen aus Paris wegzog, um zu sehen, ob der Lauch anderswo grüner ist.

Hier schrieb Brillat-Savarin, der erste auf der langen Liste der Restaurantkritiker, sein berühmtes Werk über die *Philosophie des Geschmacks*, dessen Quintessenz bereits im Vorwort steht: „Tiere füllen ihren Magen, Menschen ernähren sich, nur geistvolle Leute verstehen zu essen". Genau deshalb besuchten die geistvollen Leute, deren Ego sich geschmeichelt fühlte, den Ort, an dem Lamartine, Saint-Beuve und vor allem Victor Hugo verkehrten. Für Letzteren bereitete der Koch immer Hammelbrustspitzen mit weißen Bohnen zu, die der Autor von *Les Misérables* besonders liebte.

212 | DIE STADT DER FREUDE

Ein weiterer Ort, den die Liebhaber irdischer und geistiger Genüsse unbedingt besuchen mussten, war das *Café Procope*. Die Geschichte dieser von einem geistvollen Italiener eröffneten Lokalität ist in keiner Weise banal, denn Procopio Dei Castelli brachte den Kaffee nach Frankreich. Im Jahr 1689 hatte er das Glück, dass direkt gegenüber die Comédie Française eröffnet wurde.

Das *Procope* wurde zum Vorzimmer – manchmal auch Wohnzimmer – des ersten Theaters in Frankreich, wo Autoren und Akteure sich mit den Damen der Zeit trafen. Lange Zeit begnügte sich das *Procope* mit seinem Status als Café und Eisdiele, bevor es dann in der Revolution das von Danton, Marat und Robespierre besuchte Restaurant wurde. Der Pariser Fantasie hinterließ das *Procope* Diderot, der an seiner *Encyclopédie* arbeitet, Verlaine, der sich über ein Glas Absinth beugt, und den eleganten Oscar Wilde, der mit seinem Rohrstock auf den Tisch klopft, um den Kellner zu rufen …

Natürlich gingen die geistreichen Männer bis Ende des 19. Jahrhunderts ohne ihre Gattinnen ins Restaurant. Solche Orte hatten wahrlich einen zweifelhaften Ruf und nur der Anstand hinderte die Damen der guten Gesellschaft daran, das zu sagen, was sie sich vorstellten, was auf den Samtdiwans hinter den Brokatvorhängen geschah … Es scheint, kann aber nicht bewiesen werden, dass die Kratzer auf den Spiegeln im *Lapérouse* und *Maxim's* von den leichten Damen des „horizontalen Gewerbes" hinterlassen wurden, von denen man, dem Wortsinn folgend, erraten konnte, was ihr Beruf war.

Dies bewiesen auch die ihnen von ihren wohlhabenden Liebhabern geschenkten, echten Diamanten!

Paris ist stolz auf seine alten Restaurants, die es *littéraires* nennt. Sie sind die soziale Bühne der Hauptstadt, die man zum Essen betritt, aber auch – und vor allem – um zu sehen und gesehen zu werden. Es gibt gut 15 Restaurants, ohne die man nicht auskommt, wo sich die wichtigen Pariser und diejenigen treffen, die hoffen, sich für einen Augenblick im Glanz der größten Stars sonnen zu können. Leider kommt es manchmal vor, dass der vom Wein vernebelte Blick den Glanz einer Laterne mit dem eines Sterns verwechselt!

Die Pariser Restaurants zu zählen, die gerne Listen der Persönlichkeiten jeder Art ausstellen, die in ihnen verkehren und verkehrten, ist etwas Wunderbares.

Dazu gehören all die Restaurants, in denen in entspannten Momenten Worte fielen, aus denen dann Bücher, Artikel, Äußerungen von Schauspielern oder Gedichte wurden, die die Zeit zeichneten: von der *Brasserie Lipp* zum *Dôme*, vom *Coupole* zum *Bœuf sur le Toit*, das Jean Cocteau schuf, vom *Lucas-Carton* bis zu *Maxim's*, die beide dem Couturier Pierre Cardin gehören. Das *Maxim's* ist eine Pariser Legende.

Dieses Restaurant der *belle époque* war der Rahmen für den Wahnsinn einer vor dem Ruin stehenden Gesellschaft, die den Champagner mit Säbeln öffnete und ihr Leben beim Russischen Roulette aufs Spiel setzte. Fürsten im Exil, Bankiers, Minister, Kinostars, Dichter, Musiker, Diven und hochgestellte Kokotten ließen im kollektiven Unterbewusstsein das Bild eines unbekümmerten, feinen, mondänen und bis zum Selbstmord ernüchterten Paris entstehen.

Ein weiteres Heiligtum des guten Pariser Geschmacks ist der *Tour d'Argent*, dessen Aussicht auf die Seine Millionen Amerikaner zum Träumen brachte. Der absolute Luxus.

Als einer der wichtigsten gastronomischen Treffpunkte dieser Welt steht er auch auf dem Programm ausländischer Könige und Präsidenten, wenn sie offiziell nach Paris kommen. Aber um einen der weltweit begehrtesten Tische direkt an den Fenstern über der Seine zu ergattern, muss man schon einige Jahre im Voraus reservieren …

218 UND 219 Die Brasserie La Coupole auf dem Boulevard de Montparnasse wurde 1927 in einem Holz- und Kohlenlager eröffnet. Seit damals floss viel Wasser die Seine hinunter: Mit der Zeit wurde dieses Lokal zum Treffpunkt all derer, die in der Künstlerwelt des Rive Gauche Rang und Namen haben.

218 | DIE STADT DER FREUDE

DIE STADT DER FREUDE | 219

220-221 Sanfte Schatten liegen über dem Saal im Erdgeschoss des Hôtel Ambassadeur mit seinen herrlichen Säulen aus rosa Marmor. Dieses Luxushotel ist eine weitere illustre Adresse. Sein einstiges Aussehen erhielt es dank einer durchdachten Renovierung zurück.

DIE STADT DER FREUDE | 221

222-223 Trendrestaurant: Die Buddha Bar empfängt ihre Gäste in einer eher heterogenen denn orientalischen Atmosphäre – trotz der riesigen Statue im Raum.

223 Ein weiteres, ultra-cooles Lokal ist das Man Ray, „Partner" des gleichnamigen Etablissements in New York und absolut im Trend. Auch hier möchte man die schweren Düfte Asiens atmen, zumal man an der Bar – ganz orientalisch – auf dem Boden sitzen kann.

DIE STADT DER FREUDE | 223

224 Der Schritt vom Reich der grossen Restaurants in die kleine angenehme Welt der Cafés und Bistros ist kleiner als man denkt, denn alle hüllt der unbeschreibliche Pariser Charme ein. Haute cuisine oder eine schnelle Mahlzeit – die Wahl ist jedem freigestellt, doch letztlich schmecken beide gleich gut.

225 Kleine Tischchen, auf denen kaum eine Kaffeetasse Platz findet, der obligatorische Aschenbecher und Luft, die nach schwarzem Tabak riecht: das unwirkliche Ambiente bestimmter Bistros – in diesem Fall im 18. Arrondissement, unweit der Métrostation Anvers – bewahrt auf natürliche Art eine Atmosphäre, wie sie aus dem realistischen Kino in der Erinnerung fortlebt.

Doch auch wer keinen Platz in diesen berühmten Restaurants findet, muss in Paris nicht an Hunger sterben. Im Telefonbuch stehen 2500 Restaurants und jede Woche öffnen zehn neue! In diesem Schmelztiegel findet jede Naschkatze, was sie möchte, sowohl in kulinarischer als auch in pekuniärer Hinsicht.

Es gibt vietnamesische, afrikanische, spanische, italienische, algerische, libanesische und viele andere Restaurants, und die Liste der ausländischen Köche, die versuchen, die Pariser mit ihren mehr oder weniger landestypischen Spezialitäten zu verführen, ist lang.

Zurzeit sind die nach New Yorker Vorbild im *High-tech*-Stil teuer eingerichteten Cafés in Mode, wo Portionen und Klientel gleichermaßen minimalistisch erscheinen. *In*-Cafés sind zwischen drei Wochen und drei Monaten aktuell, und die Tagesgerichte werden in alter Art und Weise mit Kreide auf große Tafeln geschrieben.

Doch im Herzen eines jeden Parisers, egal wie fein sein Gaumen ist, steckt ein Stachel, denn Paris, die gastronomische Hauptstadt der Welt, tendiert leider immer mehr zu Fastfood und *self-service*. Glücklicherweise gibt es noch große Restaurants, die an der Tradition eines gedeckten Tisches anstelle von Stehtischen festhalten…

Den großen, von Führern und Restaurantkritikern gefeierten Küchenmeistern, die Sterne, Gabeln, Kochmützen und andere Auszeichnungen verliehen bekamen, glauben die Pariser blind. Offensichtlich lassen die Anzahl und die Qualität der Anerkennungen auch die Rechnungen manchmal in schwindelnde Höhen klettern.

Aber wer träumt nicht davon, wenigstens einmal im Leben bei Pierre Gagnaire, Alain Passard, Guy Savoy oder Alain Ducasse zu speisen? Die Küche der großen Köche hat etwas Geniales, ja Wunderbares. Es ist also nur normal, dass das *Ledoyen*, das

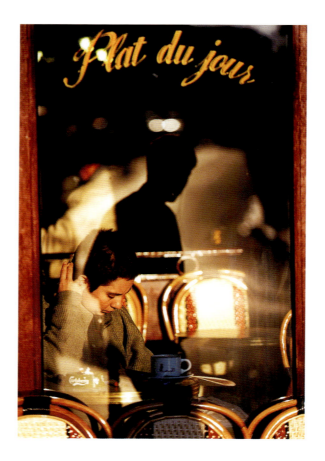

Arpège, das *Plaza Athénée* und das *Jules Vernes* einen kulinarischen Rundgang durch Paris mit ihren klingenden Namen und gestärkten Tischdecken säumen.

Auch für seine *bistros* ist Paris berühmt. Hierhin eilt der bescheidenere Pariser Bürger in seiner Mittagspause, isst sein Schnitzel mit Pommes frites, trinkt ein Glas Rotwein und danach einen guten Kaffee. Die echten *bistros* räumen ihren Platz für Weinlokale und Sexshops und verschwinden langsam.

Einst kannte der Chef dort noch jeden Gast und war das Tagblatt des Quartiers. Die Chefin schrieb noch an. Sie hießen „Bei Susette" oder „Treffpunkt der Freunde". Zwei Sonnenschirme auf dem Gehweg. Vier wackelige Holztische, in die Verliebte ihre Namen ritzten und mit einem Herz einrahmten. Karierte Tischdecken.

Große Senfgläser. Die Chefin am Herd, der Chef hinter dem Tresen. Kartenspiele im hintersten Eck des Gastraumes. Das Radio sendete die Rennergebnisse. Diskussionen wegen der Tour de France, die immer mit scharfen Wortgefechten vor einem Glas Picon-Bier endeten. Abends trafen sich die Jugendlichen am Flipperautomaten, schlugen mit dem Fuß den Takt zu Yeah-Yeah-Songs, eine Kippe im Mundwinkel, um dem Mädchen aus dem sechsten Stock zu imponieren, das sie oft auf der Treppe trafen, aber nie ansprachen.

Hilfe! Francis Carco, Léon-Paul Fargue, Antoine Blondin. Die Stühle eures *bistros* stehen bereits im Montmartre-Museum. Und wenn ihr von dort, wo ihr jetzt seid, nicht eingreift, werden diejenigen, die alles zubetonieren und Arten aussterben lassen, diesem Paris, das ihr so sehr liebtet, bald ganz und gar den Garaus gemacht haben, diesem Paris, das nur noch in unseren Kindheitserinnerungen, in den Erzählungen unserer Großeltern und in vergilbten Fotoalben weiterleben wird.

226-227 „In diesem Lokal wird Wasser zum Kochen von Kartoffeln verwendet." So lautet der Hinweis auf einem Deckenbalken. Er macht deutlich, welcher Geist in den guten, traditionellen Bistros herrscht: Hier ist der Wein sozusagen der Vorwand, um sich zu treffen, zu diskutieren und unverfälschte Produkte zu geniessen.

226 | DIE STADT DER FREUDE

228-229 Man weiss, dass früher alles besser war als heute: eine glückliche Anwendung dieses nostalgischen Konservatismus zeigt sich in den unvergleichlichen Pariser Bistros und Relais, wo wertvolle Art déco-Mosaiken den Rahmen der in den Vitrinen gut sichtbaren Speisekarten bilden.

DIE STADT DER FREUDE | 229

230 Hier wird das Tagesmenue mit Kreide auf eine Tafel geschrieben und die Strasse am Montmartre mit dem Reisigbesen gekehrt. Paris hat Unmengen von Internet-Bars und High-tech-Lokalen, aber wenn die Mode oder die Technologie bereits Vergangenheit geworden sind, bleibt eines immer gleich und wird immer geliebt: die Bistros d'antan.

231 Bevor er öffnet, reinigt ein eifriger Wirt die Markise auf der Terrasse des Lokals; es versteht sich von selbst, dass die Stühle hier nach einem altehrwürdigen System aufgestapelt wurden.

230 | DIE STADT DER FREUDE

232 UND 233 Saint-Germain-des-Prés, Montmartre und Marais: In diesen drei Quartiers im Herzen von Paris gibt es noch äusserst traditionelle Teesalons. Der „rote Faden", der sie verbindet, ist die Historie, von der Jakobinerrevolution über die Enthauptung des Heiligen Dionysius, Bischof von Lutetia, im dritten Jahrhundert auf dem Mons Martyrium bis zur Zerstörung der Bastille im Quartier Marais durch das wütende Volk.

234-235 Am frühen Morgen öffnet eine Crêperie-Friterie ihre Türen, um den Appetit ihrer zukünftigen Kunden anzuregen. Pommes frites und Crêpes sind die beiden am häufigsten verlangten Speisen der eiligen Passanten, der Pariser, die aus Gewohnheit vorbeikommen, und der Nicht-Pariser, die eine glückliche Fügung hierher führte.

232 | DIE STADT DER FREUDE

236 UND 237 Die Pariser Philosophie des plat à emporter (ein Ausdruck, der – dank der unbestreitbaren Eleganz der französischen Sprache – weniger gewöhnlich klingt als das weltweit gebräuchliche take-away) sieht keine vorgekochten Speisen vor, wie die Weine, salzigen Torten, Croissants und Pains au chocolat beweisen, die in diesen Vitrinen der Ile Saint-Louis ausgestellt sind.

238-239 Die im „Empirestil" zusammengestellten Verpackungen und Ausstattungen täuschen den Kenner nicht: Paris ist für seine erlesene, feine Konditorenkunst ebenso berühmt wie Wien.

239 RECHTS Die anonymen, Halogen durchfluteten Ladenketten, die heute in den Zentren jeder beliebigen Grossstadt der Welt zu finden sind, fanden im nostalgischen Stadtbild des Feinschmecker-Paris keinen Platz, wie diese künstlerische Dekoration am Eingang einer Épicerie beweist. Die Händler achten auf die Ästhetik ihrer Läden ebenso penibel wie auf die Güte der Waren.

DIE STADT DER FREUDE | 233

240 Kreatives Chaos auf dem Zeichentisch des Stickateliers Lesage. Hunderte Arbeitsstunden sind erforderlich, um Kunden wie Yves Saint Laurent zufriedenzustellen.

241 LINKS UND RECHTS Namen wie Coco Chanel und Nina Ricci bedeuten heute Luxus, Schönheit und Eleganz: alles ist ganz anders als die Umgebung, in der die besten Couturières ihre ersten Modelle entwarfen. In den armen Zeiten nach dem Zweiten Weltkrieg begannen beide mit wiederverwendeten Materialien ihre Karriere.

DAS LUXURIÖSE
PARIS

Paris hat das Wort „Luxus", das aus dem Lateinischen kommt, zwar nicht erfunden, aber ihm im Verlauf der Jahrhunderte den Sinn von vornehmer Eleganz verliehen.

Luxus ist das Gefühl, einen einmaligen Gegenstand zu besitzen, der nur für einen selbst geschaffen wurde, nur einem selbst gehört und einen von anderen abhebt.

Irgendwie ist Luxus ein maßgeschneiderter Traum. Paris, die Stadt der Träume weltweit, wurde logischerweise zur Hauptstadt des Luxus.

Den Luxus in Paris veranschaulicht eine Umschreibung, die für das schöne Kleid einer schönen Frau gebraucht wird: lang genug, um sie zu bedecken und kurz genug, um die Aufmerksamkeit auf sie zu lenken.

Man müsste auch den Preis für dieses einmalige Exemplar nennen, aber damit entfernt man sich vom Luxus und verfällt auf den Kommerz. Dies ist einer der vulgärsten Begriffe.

Er erinnert an eitle Exhibitionisten und andere Neureiche, die Markenetiketten zur Schau tragen, um ihre Zugehörigkeit zu einer sozialen Schicht zu beweisen. Luxus ist nie ostentativ. Luxusobjekte und das Auftreten sind unverzichtbare Attribute der Eleganz. Sie charakterisieren eine bestimmte Lebenskunst. Sie sind diskret. Im Luxus lebende Menschen sind wie alle anderen auch, aber eben nicht irgendwer! Sie wissen jedenfalls, dass nicht das Geld wichtig ist, sondern die Art, wie man es ausgibt.

Auch Paris weiß das, seit es – viele Male in seiner Geschichte – seine Freiheit teuer bezahlte, aufgewogen in Gold, das es nicht immer hatte.

Luxus gehört in eine Welt von Eingeweihten, die keine Werbung brauchen, um zu wissen, dass ein Sattel von Hermès einmalig ist, ein Weinstock des Château Yquem alle zwei Jahre nur ein Glas Wein hervorbringt, die von Lesage gefertigten Stickereien auf Abendkleidern von Yves Saint Laurent hunderte Arbeitsstunden erfordern und keine Fehler zulassen, und dass bei Lalique Generationen von Glaskünstlern geduldig lernten, die rohe Materie zu bearbeiten, um daraus absolut perfektes Kristall herzustellen.

Der Pariser Luxus beruht auf einer Reihe berühmter Namen, auf den stolzen Labels der Rue de la Paix, des Faubourg Saint-Honoré, der Avenue Montaigne oder der Place Vendôme. Ein besonderer Rundgang durch Paris führt in das Goldene Dreieck (Avenue Montaigne, Champs-Elysées, George V. und benachbarte Straßen) und in das Viereck des Comité Colbert (Rue du Faubourg Saint-Honoré, Franklin Roosevelt, Matignon, La Boëtie und benachbarte Straßen). In diesen beiden Vierteln sind Chic und Eleganz zu Hause. Wer sie besucht, begegnet der französischen „Lebenskunst", einer Mischung aus Kultur, Leidenschaft für Schönheit und Qualität und einem Sinn für Innovation und Kreativität. Das ist französischer Geschmack *par excellence*. Die Pariser nennen es einfach nur Geschmack ...

Man kann Luxusobjekte katalogisieren. Es gibt sie in allen Lebensbereichen. Man denke an die Kunst des gedeckten Tisches, Lederwaren, Reisen in Privatflugzeugen oder erster Klasse, an Weine, von denen nur noch eine oder zwei Flaschen existieren, an große Diamanten wie das *Ritz*, an Bücher in limitierter und nummerierter Auflage, an die „Sonnenblumen" von Van Gogh über dem Kaminsims. Oder man leistet es sich, im April nach Paris zu kommen, nur um den Flieder hinter Notre-Dame blühen zu sehen.

243 Der „Luxus" und die „Eleganz", um nicht einfach „Haute Couture" zu sagen, scheinen in Paris einen speziellen Status, eine besondere Autonomie und moralische Rechtfertigung zu genießen. Das etwas surreale Ambiente der Modenschauen zum Beispiel ist nicht auf jede beliebige Stadt – und sei sie noch so modern und aktiv – zu übertragen. In dieser „Traumstadt" erscheinen das Vergängliche und Überflüssige natürlicher und sogar nützlicher zu sein als anderswo, wie der unbedingte und globale Erfolg der großen, hier aus der Taufe gehobenen Marken beweist.

Beherrscht wird der ganze Luxus selbstverständlich von der Haute Couture.

Und dieses Wort kreierte Paris tatsächlich, und zwar 1947, als die jungen Wilden mit Nadel und Schere einen dynamischeren Berufsstand schufen, als es der ihrer Vorgänger gewesen war. Die *couturiers*, die Schneider, wurden nicht „groß" genannt, weil sie über 1,85 Meter groß waren, sondern wegen ihrer *imagination,* ihrer Fantasie, ihres Erfinder- und Forschergeistes, ihrem Talent, das Kleid entsprechend der gesellschaftlichen Entwicklung immer neu zu erfinden, und wegen ihrer Fähigkeit, sich dem Zeitgeist anzupassen. Sie wurden zu schöpferischen Künstlern und unterschieden sich so von den Herstellern von Massenware, von den klassischen Schneidern und von den Maßschneidern. Sie wickelten ihre Anzüge, Mäntel, Röcke und Blusen nicht nur in Seidenpapier mit Monogramm ein, sondern auch in eine fast kulturelle Diskussion, die den Zeitgeist, die Originalität und die Exklusivität der Modelle und Stoffe unterstrich, denn jedes einzelne, natürlich einmalige Stück war ein Kunstwerk für sich.

Paul Poiret, der die *belle époque* und die *années folles* einkleidete, rief diese Bewegung ins Leben. Zwischen den beiden Weltkriegen folgten dann Lucien Lelong, Maggy Rouff und Madeleine Vionnet.

Die Zeit nach dem Zweiten Weltkrieg war unsicher und der Zartheit nicht zuträglich. Es war eine Zeit drastischer Rezessionen, die offensichtlich vor allem die ausgelaugte Textilindustrie trafen. Die Pariser hatten andere Sorgen, als mit der Mode zu gehen. Die Schneider übertrafen sich gegenseitig an Einfallsreichtum, um die wenigen Stoffe, die sie fanden, sparsam zu verwenden.

In Ermangelung an Material waren die Kleider möglichst enganliegend, die dreiviertellangen Ärmel waren am höchsten Punkt der Schulter angesetzt, und die Röcke so kurz wie es der Anstand gerade noch erlaubte. Man erinnere sich, dass damals Jacques Fath seine Kostüme aus Decken der amerikanischen Armee zuschnitt, und Jean Dessès seine Abendkleider aus Fallschirmseide fertigte. Elsa Schiaparelli verwendete den von Hermès erfundenen Reißverschluss anstelle von Knöpfen. Salvatore Ferragamo arbeitete Holzsohlen in seine ledernen *galoches* ein. Nina Ricci verarbeitete aus Pflanzenfasern bestehende Stoffe – Vorgänger der heutigen Viskose: Die Pariser behaupteten, sie sprössen in den ersten Frühlingstagen.

Jeanne Lanvin signierte das Futter seiner Kleider von Hand, weil die Weber für Markenstoffe gänzlich ausgestorben waren. Die in die Schweiz geflüchtete Coco Chanel kreierte 1953 ihr erstes berühmtes Kostüm aus Stoffschnipseln, die mit kleinen Stichen zusammengenäht waren, und versah sie mit Ketten aus vergoldetem Messingdraht, den sie als Meterware bei einem in Konkurs gegangenen Lampenfabrikanten erstanden hatte. Sie schuf den Prototyp für einen Stil, der in der Folgezeit von Millionen Frauen kopiert wurde.

Aber Coco zog sich auch immer gut aus der Affäre, zum Beispiel als sie gleich nach dem Ersten Weltkrieg den Einfall für die berühmten dunkelblauen Trägerkleidchen hatte, oder als sie einen rund gewebten Jersey entdeckte, ohne Nahtstellen, der als Unterhemd für die Soldaten bestimmt war! Sie erfand den *chic pauvre*, den einfachen Chic.

Christian Dior allerdings verwirklichte das Konzept von Luxus in der Mode auf spektakuläre Weise. Im Jahr 1947 lehnte der junge Schneider Strenge, Monotonie und Pessimismus ab. Er realisierte seine Vision von Eleganz, ohne sich irgendeinem pekuniären Diktat zu unterwerfen. Dazu schloss er sich mit Marcel Boussac zusammen, einem Textilfabrikanten, der für ihn aus Irland importiertes Kaschmirgarn verwebte, sowie Seide und Brokat aus Indien und Pelz aus Kanada importierte. Die erste Kollektion von Christian Dior schlug ein wie ein Blitz aus heiterem Himmel: knöchellange Ballonröcke mit wattierten, mit Seide gefütterten Unterröcken, Trompetenärmel, majestätische Oberteile, Schulterpolster, betonte Taille, weite Schalmäntel, die bei der kleinsten Bewegung von der Schulter rutschten! All das aus prächtigen, schillernden Stoffen, von Hand zugeschnitten und genäht, mit Motiven und wertvollen Steinen bestickt. Monatelange Geduld hatte diese extrem präzise Arbeit von den Künstlern in den Ateliers erfordert, die zu diesem Anlass wieder eröffnet worden waren.

Überfluss auf seinem Höhepunkt! Eine Kollektion, die Carmel Snow, die Moderedakteurin der Vogue, zu ihrem berühmten Ausspruch „it`s definitely a new look" veranlasste, der zu einer Art geflügeltem Wort wurde.

244 „Palace" ist die Bezeichnung für die besten Pariser Hotels. Sie sind etwas mehr als einfache Pensionen: lauter äusserst berühmte Namen, sozusagen der Inbegriff für Hotel – die Palace-Hotels sind vor allem Orte wo – neben Legenden – Geschichte geschrieben wurde.

246 und 247 Unbestritten spricht die Welt des Luxus französisch, oder besser: sie drückt sich in einer sehr Pariserischen Standessprache aus. Von den teuersten, wertvollsten und begehrtesten Juwelen auf der Himmelsleiter bis zum Sattel für den Vollblüter – „Joailliers" wie Cartier und „Pelletiers" wie Hermès füllen das Lexikon des Erlesenen.

Das ist wirklich Luxus pur. Es gibt ein halbes Dutzend Pariser Hotels, die den Namen *Palace* verdienen. Wer die Schwelle dieser Luxushotels überschreitet, betritt mühelos das Reich der Träume und Legenden. Die Pariser Palace-Hotels sind in ihrer Art einmalig, wenigstens aus einem Grund, denn sie sind alle denkmalgeschützt und stehen an außergewöhnlichen Stellen. Das *Meurice* befindet sich direkt gegenüber den Gärten der Tuilerien und von der Terrasse der berühmten Suite 702-4 aus liegt einem ganz Paris zu Füßen. Man lässt den Blick über die Louvrepyramide, Notre-Dame, den Invalidendom und das Panthéon schweifen. Man stelle sich das Bild vor, wenn in Paris abends das Lichtermeer erstrahlt! Das Hôtel de Crillon auf der Place de la Concorde war ursprünglich eine von Graf Crillon, dem Nachkommen eines Waffenbruders von Heinrich IV., erbaute Privatresidenz. Es wurde 1788 eröffnet. Das *Bristol* wurde direkt im Herzen des legendären und luxuriösen Faubourg Saint-Honoré errichtet.

Das George V., das 1928, mitten in den *années folles*, eröffnet wurde, ist ein großes, zwischen Champs-Elysées und Eiffelturm gestrandetes Schiff im Herzen des Goldenen Dreiecks, an der nobelsten Avenue von Paris. Das Royal Monceau ist ein 1924 umgebautes Frauenkloster in der Avenue Hoche, einer der zwei oder drei teuersten Adressen der Hauptstadt. Das Plaza Athénée eröffnete 1911. Es steht an der berühmten Avenue Montaigne, dem Heiligtum der Mode, des Theaters und der Geschäfte. Das *Ritz*, vielleicht der legendärste Ort von Paris, das Scott Fitzgerald zu einem seiner schönsten Bücher inspirierte, erhebt sich an der Place Vendôme, in der Nähe des Goldes und der Diamanten der berühmtesten *joailliers* der Welt.

Die Pariser Luxushotels sind alle denkmalgeschützt. Raum und Zeit haben hier keine Macht. Wer sie betritt, bemerkt sofort, dass die goldenen Decken, die Spiegel, der Marmor und die Holzvertäfelungen stumme Zeugen der Pariser Geschichte sind. Hier wurden Verträge unterzeichnet, Nationen geboren, neue Grenzen in Karten eingetragen, Friedensverträge ausgehandelt und Waffenstillstände geschlossen. Hier spielte sich das Leben und Schicksal von Millionen Menschen ab.

Die Mode selbst ist folglich nicht der Luxus. Luxus ist eigentlich sogar das Gegenteil von Mode. Mode ist das, was sie ist. Luxus hingegen spielt mit allen Gegensätzen, mit dem erstmaligen Ereignis, mit dem Alltag, mit dem Konventionellen und mit der neuen Idee, die Aufmerksamkeit erregt und bald in einem Schrank enden wird. Mode ist das, was man kauft. Luxus ist das, was man nur unter dem Kriterium des Wunsches und der Emotion auswählt. Mode ist vergänglich. Luxus ist ewig und hat etwas Außergewöhnliches. Deshalb ist alles am Luxus groß!

Große Schneider, große Friseure, große Schuhfabrikanten, große Restaurants, große Kosmetikmarken… Es genügt nicht, das Besondere am Luxus hervorzuheben, indem man das zeigt, was seine Rarität ausmacht. Luxus schuf auch ein Vokabular, das die französische Sprache in alle Welt exportierte! In New York, Tokyo, Madrid, London und Rom weiß man, dass Louis Vuitton kein Taschen- und Kofferfabrikant ist, sondern ein *malletier*, Cartier kein Goldschmied, sondern ein *joaillier*, dass man bei Porthaud keine Bettwäsche sieht, sondern *linge de lit*, dass es bei Hermès keine Schals sondern *carrés* gibt, dass Roger Vivier kein Schuhfabrikant, sondern ein *bottier* ist, dass bei Berluti keine Herrenschuhe hergestellt werden, sondern Maß-*souliers*, und dass das *Arpège* kein großes Restaurant ist, sondern eine *grande table*.

Und das *Crillon* und das *Ritz* sind keine Hotels, sondern Palace-Hotels.

244 | DIE STADT DER FREUDE

248–249 Die allgegenwärtige Erinnerung an das Wertvolle ist in Paris nichts Besonderes, vor allem nicht auf den Champs-Élysées oder in den Modetempeln wie der Rue Montaigne.

250–251 Geübte Hände, angespornt von der Anforderung des unbeirrbar guten Geschmacks und dem hervorragenden, fehlerlosen Produkt, arbeiten in den Stickateliers Lesage (links) und im Atelier von Chanel (rechts) an den Vorbereitungen zur nächsten Modenschau.

VON 252 NACH 255 Frühling/Sommer, Herbst/Winter. Die Pariser Jahreszeiten werden nicht nur von den Launen des Wetters bestimmt, sondern auch von denen der Haute Couture.

Die Pariser Palace-Hotels sind wahre Schatzkästchen. Hier lebt die Geschichte von Paris und reicht zurück bis zu den Verrücktheiten der Belle Epoque, bis zum Hof von Ludwig XV., bis zu den Adelstafeln des 18. Jahrhunderts. Hier verbindet sich der Luxus mit der Gegenwart.

Die Sessel in der Halle des *Bristol*, die vor dem Zweiten Weltkrieg vom Louvre erworben wurden, gehörten einst Königin Marie Antoinette. Die Teppiche in der Galerie de la Paix des Georg V. stammen aus dem 17. Jahrhundert und der Kamin im Salon Ludwig XII. aus der Renaissance. Die Präsidentensuiten des *Crillon* sind im reinsten Louis XV.- und Louis XVI.-Stil eingerichtet und an den Wänden hängen Originale von Braque und Miró. Die Restaurantdecken des Hotels *Meurice* wurden von Poilpot bemalt. Über das Fußbodenmosaik schritten der Sultan von Sansibar, Napoleon III., Paul Poiret, Prinz Aga Khan, General De Gaulle, Winston Churchill, die Großherzogin von Russland und der Maharadscha von Japur ... Die Liste erhebt keinen Anspruch auf Vollständigkeit!

Die Legende der Pariser Palace-Hotels lebt auch von den Berühmtheiten, die sie besuchten und immer noch besuchen. Stars, Politiker, Könige und Präsidenten, Finanzmagnaten und Großindustrielle, Topmodels, Persönlichkeiten des Jet Set – eine Welt des Luxus! Und wenn man ihre Betten und Bäder benutzt, hat man das Gefühl, ein bisschen in ihre Privatsphäre einzutauchen. In die Privatsphäre von Madonna zum Beispiel, die in einem Videoclip nackt über die blauen und rosa Teppiche der zweiten Etage im Royal Monceau rannte, der dann wegen einiger heikler Szenen verboten wurde. Und in der Suite 101 und 158 wohnten Theodor Roosevelt, König Georg V. von England, Kaiser Hirohito, J.F. Kennedy und Jackie. Hier traf sich General Eisenhower mit Marschall Montgomery, um die Befreiung von Paris zu feiern. Montgomery vergaß das Sternenbanner, das auf dem ersten Landungsfahrzeug wehte, in seinem Zimmer. Es wurde später den Vereinigten Staaten zurückgegeben. Hier war 1947 auch Ho Chi Minh anlässlich der Konferenz von Fontainebleau zu Gast, als Frankreich und Vietnam im Krieg standen. In den Salons der ersten Etage des *Crillon* wurde die Gesellschaft der Nationen aus der Taufe gehoben, aus der später die UNO werden sollte, deren erste Versammlung dann hier stattfand. Und wie vielen Missverständnissen standen die Völker gegenüber als Benjamin Franklin am 6. Februar 1778 – dieser Ort war noch kein Hotel – hier den französisch-amerikanischen Vertrag unterschrieb, mit dem Frankreich die Unabhängigkeit der Vereinigten Staaten

anerkannte. An der Bar des *Ritz* saßen Francis Scott Fitzgerald und Hemingway nebeneinander. Wäre es möglich, die Zeit zurückzudrehen, könnte man mit Musidora, Jean Cocteau, Audrey Hepburn und Marlene Dietrich Tee trinken, in der Suite, die Coco Chanel ganzjährig bewohnte und wo sie ihre wertvollen Lackparavents von Caromandel zurückließ. Das Leben in den Pariser *Palaces* ist eine Legende. Im *Crillon* werden in einem Kellergeschoss die persönlichen Habseligkeiten bestimmter Gäste aufbewahrt, die regelmäßig wiederkommen und dann in ihren Zimmern Möbel, Gegenstände, Bücher und Kleider am selben Platz vorfinden möchten wie bei ihrem letzten Aufenthalt. Im *Royal Monceau* erinnert man sich an jenen Rockstar, der genau um Mitternacht eine lebende Python für ein Fotoshooting bestellte. Es dauerte nur eine Stunde bis der Portier das Reptil lieferte, das er bei einem Zirkus ausgeliehen hatte. Im *Ritz* spricht man noch heute von einem Gast, der auf Geschäftsreise war und darum bat, viertausend Rosen an seine junge Frau zu schicken, die in Kairo geblieben war. Auch dieser Auftrag wurde prompt erledigt. Paris ist der unumstrittene Mittelpunkt des Luxus. Es ist stolz darauf. Voltaire wusste das gut. Der alte Spötter sagte einmal: „Die Pariser können alles verzeihen, nur dann nicht, wenn man nicht anerkennt, dass sie die größten Schneider, Fabrikanten für Maßschuhe, Friseure, Parfumeure, Juweliere, Kürschner, Köche und Hotels der Welt ihr eigen nennen!"

Der Luxus von Paris – Momentaufnahmen. Im Vordergrund das Schillern einer Perle, das Feuer eines Diamanten am Halsausschnitt eines Tweedkostüms. Eine Kamerafahrt in einer langen, schwarzen Limousine, die langsam über den nassen Asphalt auf der Place Vendôme gleitet, und ein Page des *Ritz*, der – den Regenschirm in der Hand – aus dem Kofferraum eines Jaguar E zwei rotgoldene Koffer auslädt. An der Bar des *Lutecia* qualmt neben einem Glas Portwein eine kubanische Zigarre in einem Kristallaschenbecher, am Handgelenk eines Mannes funkeln goldene Manschettenknöpfe mit Initialen.

Aber das *Nonplusultra* des Luxus in Paris ist Zeit. Dieser Luxus gehört denjenigen, die keine Eile haben. Ihr Lohn ist es, zu sehen, was andere nie gesehen haben, Zeugen des Romans über Paris zu sein, dieses endlosen Feuilletons aus Momenten der Zärtlichkeit, Events, Anti-Events und unbekannten Gesten, die mit der Geschichte verschmelzen.

Paris, Hauptstadt des Luxus, – allen Luxus. Auch des Luxus, hier seine eigenen Träume zurückzulassen, um Erinnerungen mitzunehmen.

DIE STADT DER FREUDE | **245**

1847 - 1997

ZWISCHEN LICHT UND SCHATTEN

256 VON LINKS NACH RECHTS UND 257 DER EIFFELTURM MIT NÄCHTLICHER ILLUMINATION; EIN BLUEBELL GIRL AUS DEM LIDO; EINE BALLERINA DER OPÉRA GARNIER; DIE PYRAMIDE DES LOUVRE; ZWISCHEN DEN LICHTERN UND DEN SCHATTEN DER NACHT SCHIMMERT DIE FASSADE DES LOUVRE IN DUNKLER SCHÖNHEIT.

258 DER EIFFELTURM KONKURRIERT WIE EINE BRENNENDE FACKEL, WIE EINE HOMMAGE AN DIE MODERNE ZEIT, MIT DER ELEGANZ DER OVALEN KUPPELN VON SACRÉ-CŒUR. DAS IN DER DÄMMERUNG SCHWÄCHER WERDENDE LICHT VERBINDET DIE BEIDEN MONUMENTE MIT DEN HÄUSERN VON PARIS.

DAS ERWACHEN
DER LICHTERSTADT

Man könnte glauben Paris schlafe bei Nacht. Aber nein! Die Nacht muss nur anbrechen, und Paris erstrahlt im Licht. Paris erwacht. Zauber des Lichts: Paris zeigt sich in neuer Silhouette, schminkt sich, zieht sich an und wird zu einem Mosaik aus aufeinandertreffenden Tönen.

Zunächst gehen die 365 Glühbirnen der Laternen auf dem Place de la Concorde an, dann die Fontänen am Trocadéro, die in Lichtreflexen sprudeln, und schließlich wird ein Bauwerk nach dem anderen illuminiert. Notre-Dame verlässt den Alltag, um in die Ewigkeit, vielleicht ins Jenseits, einzutauchen. Der Turm Saint-Jacques sieht im Nebel aus, als hülle er seine Schultern fröstelnd in eine Boa aus Schwanenfedern. An den Fassaden des Louvre, der Concièrgerie und des Invalidendoms gaukeln Geister aus Licht und Schatten. Der Eiffelturm leuchtet wie Positionslichter, von weitem sieht er aus wie eine Champagnerflasche oder eine *Lido*-Tänzerin. Auch die Brücken beginnen, sich zu bewegen und schaffen so eine spektakuläre Verbindung zwischen beiden Seineufern. Sie machen in strahlenden Gelbtönen auf sich aufmerksam, überziehen ihre Unterseite mit Gold, verkleiden sich als Hexenmeister und weisen dem Nachtschwärmer als kabbalistische Zeichen abenteuerliche Richtungen. Die Pont Alexandre III., ihre Statuen, Kandelaber und Eisengirlanden, die ganze barocke Verzierung, glänzt im künstlichen Licht viel stärker als es sie es bei Tageslicht vermag. Alles lässt an Laufstege der Künste denken, Holzbrücken, die so zerbrechlich sind, dass man sich scheut, einen Fuß darauf zu setzen. Auch Christo verlieh den Geländern, der Straße und den Laternen geisterhafte Formen, als er die die Pont Neuf mit Plissé verhüllte... Schaut man aus der Höhe des Arc de Triomphe auf die Champs-Elysées hinab, windet sich eine lange, rote Autoschlange zum Place de la Concorde, während eine lange, weiße Autoschlange auf den Place de l'Etoile zukriecht. Die grünen, gelben und roten Ampeln leuchten wie Bojen für Schiffe. Entlang der Seineufer gleitet ein langer Zug *bâteau-mouches*. Wer auf den Booten diniert, durchwandert dabei zweitausend Jahre Geschichte. Ihre Scheinwerfer tauchen Fassaden und Häuser in gleißendes Licht. Es reflektiert auf den Statuen des Museums für Moderne Kunst, die für den Kult der Nacht herausgeputzt zu sein scheinen. Den Turm von Montparnasse erleuchten wie zufällig Bürolampen aus rechteckigen Fenstern, die eilige Angestellte auszuschalten vergaßen. Er ähnelt so einem riesigen Mondrian-Gemälde. Zwischen den beiden Lichtstreifen, die die Uferpromenade teilen, bewegen sich verstohlen Menschen: Spitzbuben, Clochards oder Verliebte, wer weiß... Die Nacht in Paris ist eine Welt der Illusionen.

259 OBEN LINKS DIE DUNKELHEIT WEICHT VOR DEM GLANZ DES PLACE DE LA CONCORDE UND DEM DOMINANTEN OBELISK VON RAMSES II. ZURÜCK.

259 OBEN RECHTS DER INVALIDENDOM DOMINIERT DEN PONT ALEXANDRE III.

259 UNTEN DIE FANTASTISCHE ILLUMINATION DES AUS DEM 20. JAHRHUNDERT STAMMENDEN PALAIS DE CHAILLOT UND DER JARDINS DU TROCADÉRO KREIERT EINE PHARAONISCHE PRACHT, DIE MIT DER DES EIFFELTURMS GEGENÜBER AM RIVE GAUCHE KORRESPONDIERT.

ZWISCHEN LICHT UND SCHATTEN | 259

260 Das unermüdliche Volk der Nacht strömt in Diskotheken und Lokale, wo man jede Art internationaler Popkultur erleben kann. Im schlaflosen Paris findet sicher jeder seine ganz eigene Art der Unterhaltung.

260-261 Das nächtliche Panorama der Ville Lumière ist ein perfekter Gefühlsparameter, um jegliches Phänomen, das mit Licht zu tun hat, zu messen. Anlässlich des Jahrestages des Sturms auf die Bastille am 14. Juli erhellen gigantische Feuerwerke die Stadt.

Feuerwerk über Paris. Auf den Flachdächern der Bürgerhäuser der Rue Raynouard huschen viele chinesische Schatten einher. Smokings. Abendkleider. Einige Sessel wurden angeschleppt. Weiß behandschuhte Pagen laufen vorsichtig über die Steinchen und balancieren Silbertabletts mit *petits-fours* und Champagnerkelchen. Die Farben entfalten sich wie ein Schirm, überziehen den Himmel und verglühen in der Seine.

Aber all das ist das „gewöhnliche" Schauspiel im nächtlichen Paris. Das gibt es gratis, wenn der Tag den Naturgesetzen und Zufälligkeiten entflohen ist, und sich in ein magisches Kaleidoskop verwandelt, jede Nacht von neuem: ein weises, zivilisiertes Paris, das nur an passenden und erlaubten Orten übersprudelt.

Aber für manch einen sind die Nächte von Paris gleichbedeutend mit Genuss und Außergewöhnlichem. Solche Nächte sind das Paris, das im Herzen und in der Erinnerung bleibt wie eine Illumination, – zuweilen mit leichtem Bedauern, weil das Abenteuer nicht über ein Spiel hinausging.

Die Nächte auf dem Grand Boulevard, dem Pigalle oder den Champs-Elysées unterscheiden sich.

Es gibt keine Gebrauchsanweisung für das nächtliche Paris. Hier lassen sich die Nächte auf tausendundeine Weise gestalten. Man braucht nur herumzuschlendern, auf der Suche nach dem, was man finden möchte. Die Chancen, es zu finden, wechseln, je nach Person und echtem, vermutetem oder erwartetem Zauber. Die Grenzen, die den Vernünftigen vom weniger Vernünftigen trennen, befinden sich im nächtlichen Paris jenseits von Zeit und moralischer oder sozialer Klassifizierungen. Eine Nacht in Paris kann alles bedeuten: Träume, Illusionen, Freuden, eigene Wünsche, sogar die Grenzen der eigenen Freiheit.

Paris bei Nacht ist eine Stadt der Sekten, Stämme und Systeme. Es wird regiert von Ritualen, Sprachcodices und Kleidervorschriften. Nachtfalter bevölkern es, Menschen, die Grenzen überschreiten. Hier findet jeder ein Stück Stadt, das auf seine eigene Geschichte zugeschnitten ist.

Saint-Germain mit Neontupfern auf dem Asphalt, das *Deux Magot* und das *Flore*, wo der Existenzialismus messbar ist, wo man ihm nachtrauert. Die *nouvelle vague* erlitt in den kleinen Abwasserkanälen der Rue des Canettes, dem Carrefour Buci und der Rue Saint-Benoît Schiffbruch. Im *Lipp* beißen die Schwaden des Zigarrenrauchs in den Augen der auf den Hockern sitzenden Mädchen, die ihre meist schönen Beine übereinanderschlagen und mit strahlenden Blicken um sich sehen. Das Viertel Les Halles: Jazzlokale, aus denen der Klang einer Trompete oder das Stakkato eines Schlagzeugs klingt. Die Straßen füllen sich mit wie die Tasten eines Klaviers. Und das Recht auf einen Platz auf der Terrasse eines Cafés wird in Gold aufgewogen.

260 | ZWISCHEN LICHT UND SCHATTEN

262 UND 263 Neben vielen Rekorden hält Paris auch den der bekanntesten und am häufigsten kopierten Kabaretts. Das Moulin Rouge (links sein historisches Schild), das Théatre des Folies Bergères (das älteste, rechts, bei einer Can-Can-Vorstellung) und das Lido, dessen Schild am nächtlichen Himmel der Avenue des Champs-Elysées erstrahlt, tragen Namen, die in den ewigen Mythos der Nacht eingingen.

264-265 Ein „bateau mouche", für Romantiker aus aller Welt ist dies ein geläufiger Begriff, schaukelt auf die Ile de la Cité und Notre Dame zu.

Die Champs-Elysées. Großes Kabarett. Barbusig. *Crazy Horse* und *Lido*. Tänzerinnen mit so vielen Federn geschmückt, dass nicht einmal ein Strauß deren Gewicht ertragen könnte.

Die Place du Tertre. Berühmte Cafés, Boutiquen mit Souvenir-T-Shirts. Maler, die tausend Variationen zum immer gleichen Thema anbieten: Ein unschuldiges, ideales, anmutiges Paris, das dann an den Wänden der Wohnzimmer in Philadelphia, Sidney oder Singapur erstrahlt. Weiter unten befinden sich die Places Blanche, Pigalle und Barbès. Düstere Kabaretts. Künstliche Paradiese. Erotik zum Sonderpreis. Nachdem Marthe Richard diese Etablissements schließen ließ – dies wurde zumindest gemunkelt – bleibt nur noch das Bild, das die an den Eingängen der verrufenen Lokale und Hotels angebrachten Werbetafeln vermitteln.

Im Parc Monceau gibt es private Spielsalons, diskrete Orte, deren Geheimnisse nur wenige Eingeweihte kennen. Clubs, Diskotheken und Nachtbars sind an unwahrscheinlichen Orten zu finden. Sie werden kurzfristig von wichtigtuerischen Parisern überrannt, die sich hier drängeln und sie dann ohne ersichtlichen Grund wieder abschreiben. Heute sind neue Bars in Mode, oft von den Stars des Showbiz eröffnet. Das sind die schicken, diskreten, verborgenen Orte, wo sich die Pariser treffen, die etwas auf sich halten: die *Buddha Bar*, das *Café Coste*, das *Man Ray*, das *Nirvana*. Die musikalische Zusammensetzungen ihres Ambientes findet reißenden Absatz und wird in alle Welt exportiert.

Aber die *crème de la crème* des Nachtlebens erkennt man daran, dass sie diesen Orten entflieht, sie verlässt, weil zu viel Andrang ihren symbolischen Wert verringert.

Belleville, Ménilmontant, die Rue de Lappe und der Canal Saint-Martin sind die neuen, nächtlichen Vergnügungsviertel. Man tanzt Tango, die neue Verrücktheit der Pariser Nächte, im *Trottoirs d'Argentina* und Salsa im *Latina Bar Club*. Man klatscht in die Hände, stampft mit den Füßen und steht auf den Tischen, um die Flamencotänzerinnen des *Spanish Harlem Club* anzufeuern. In Paris gibt es brasilianische Nächte, unterstützt von den Trommeln der *batucadas*, die ins esoterische Inferno der afrikanischen Nächte der *macumba* eintauchen und dem Rhythmus der Voodootrommeln der Chapelle folgen. Arabische Nächte, chinesische Nächte, russische Nächte... Unendlich sind die Pariser Nächte und sie dringen in die Kulturen aller Zeiten und aller Länder ein.

Es gibt auch fulminante Nächte, die unbenutzte Lagerhallen und verlassene Fabriken zweckentfremden. Wilde Nächte. Nächte, in welchen man sich mit schwarzen Sonnenbrillen tarnt, und sich in den Lärm der Technomusik stürzt.

Paris ist eine schlaflose und fiebrige Stadt. Am Morgen fliegen die Tauben von den Frisuren der Statuen auf, wo sie ihre Nester gebaut haben, und die Straßenkehrer fegen Träume und Papier in die Abwasserkanäle. Und am Abend beginnt wieder eine neue Pariser Nacht.

266-267 Das Licht des Sonnenuntergangs fällt einen letzten Augenblick lang auf die azurblaue Patina der Zeit: Dies ist für die Putten am Sockel einer Laterne der Pont Alexandre III. ein Zeichen, dass wieder eine Nacht in Paris beginnt.

268-269 Lichtersäulen am Firmament der Ville Lumière. Das Hôtel de Ville mit seinen Schornsteinen und Notre-Dame erheben sich über der Seine, die von den Gebäuden der Ile de la Cité und der umliegenden Viertel verdeckt wird.

270-271 Die Pyramide von I. M. Pei, ein zeitloses Symbol für die wiedergewonnene Ewigkeit des Louvre, ist nur die Spitze eines Eisbergs. Im Untergeschoss beherbergt sie den unterirdischen Teil des Cour Napoléon und des Cour du Carrousel.

266 | ZWISCHEN LICHT UND SCHATTEN

272-273 Als Treffpunkt der den grossen Soldaten wie Foch und Marceau gewidmeten Avenues ist der Arc de Triomphe der ruhmreiche Glanzpunkt des Place de l'Étoile. Diese riesige Kreuzung sah Heere von Invasoren und Befreiern paradieren. Heute umkreist ankommender und abfahrender Stadtverkehr den Platz.

274-275 Die vierfüssige Basis des Eiffelturms schliesst mit der riesigen Reihe des Marsfeldes das gesamte Gebäude der École Militaire wie eine überwältigende Luftblase ein.

276 Der Eiffelturm hat ebenso viele Gesichter wie das Licht Perspektiven und Möglichkeiten. Jeder kann das seine wählen... aber ganz sicher ist der Glanz dieser Kaskade aus flüssigem Gold bei Nacht absolut überragend.

277 Unter dem gleissenden Scheinwerferlicht „explodiert" ein ganzer Kosmos verflochtener Geometrie vor dem Betrachter, der am Fuss des Eiffelturms, fast in der Mitte der Konstruktion, steht.

272 | ZWISCHEN LICHT UND SCHATTEN

278 Heute wie auch zu Zeiten von Napoleon III. treffen sich die Schönen von Paris anlässlich einer Premiere im Grand Foyer der Opéra Garnier im Rokokoglanz der Grand Escalier.

278-279 Die eklektische Pracht der Opérafassade, die sehr dem Stil des „Deuxième Empire" entspricht, ziert den gleichnamigen Platz mit seinen dicht an dicht stehenden Bauten.

280 UND 281 Als weltlicher Musiktempel bietet die Opéra Garnier Gelegenheit, bedeutende Aufführungen des klassischen Balletts zu erleben. Das Foyer de la danse, an der Rückseite des Gebäudes, empfing früher die Zuschauer, die zwischen zwei Akten den Wunsch hatten, die Tänzer zu treffen oder sie beim Training bewundern wollten.

282-283 Blickt man von Paris bevorzugtem Aussichtspunkt, dem Eiffelturm, herab, offenbart sich die ganze Weite des Marsfeldes bis hin zur École Militaire, die tagsüber illuminiert wird. Links ragt die Kuppel des Invalidendoms aus dem Stadtbild hervor.

284-285 Im Herzen von Paris konzentriert sich ein Netz der nächtlichen Illumination auf die Spitzen eines idealen, goldenen Dreiecks, auf den Eiffelturm, den Invalidendom und den Triumphbogen.

VON 286 BIS 289 Die Namen Valentin le Désossé und Jean Avril sind Geschichte, aber der unübertreffliche Mythos des Moulin Rouge erneuert sich allabendlich auf dem Boulevard de Clichy am Südrand des Montmartre.

290 UND 291 In blaue Straussenfedern und glitzernde Pailletten gehüllt, verleihen die Bluebell Girls des Lido den Pariser Nächten eine Atmosphäre wie in Las Vegas.

278 | ZWISCHEN LICHT UND SCHATTEN

292 UND 293 Das Pink Grand Final der Vorstellung im Moulin Rouge und ein spritziger, typischer Pariser Cancan mit dem athletischen Tänzer Igor: Trotz der Unterstützung modernster Theatertechnik wiederholt sich im Moulin Rouge jeden Abend der Traum einer Zeit, die sonst Vergangenheit wäre.

294-295 Die Schilder des Moulin Rouge haben etwas Respektables, fast Archetypisches, denn 1889 war es eben dieses legendäre Etablissement, das die Ära der Leuchtreklamen einläutete.

ZWISCHEN LICHT UND SCHATTEN | 293

INDEX

B = Bildunterschrift

A

Académie Française, 39, 73
Ambassadeur, Hotel, 221B
Arc de Triomphe, 18B, 50, 60, 60B, 65B, 73B, 74, 79, 129B, 259, 272B, 278B
Arche de la Défense, 68B
Arena, 73
Arpège, Restaurant, 224, 244
Assemblée Nationale, 154
Autosalon, 58

B

Bagnolet, 68
Bastille, 29, 49, 49B, 50, 68, 74, 78, 117B, 154, 232B, 260B
Beauborg, Centre, (siehe auch Centre Georges Pompidou), 66, 78
Beaubourg, 9B, 68B, 73B, 136B
Beaugrenelle, 79
Beaujon, 50
Belleville, 25, 262, 158B
Bercy, 18, 60B, 68, 79
Billancourt, 58
Biron, Hotel, 117B
Bluebell Girls, 259B, 278B
Bobigny, 68
Bœuf sur le Toit, Restaurant, 213
Bois de Boulogne, 54
Bois de Vincennes, 54
Bon Marché, Le, 54
Börse, 50
Boulevard de Clichy, 278B
Boulevard du Temple, 54
Boulevard Magenta 54
Boulevard Raspail, 158
Boulevard Saint Denis, 58
Boulevard Sébastopol, 54
Bourges, 30
Bristol, Hotel, 244, 245
Buddha Bar, 223B, 262
Buttes–Chaumont, Park, 25, 77, 54, 58
Bibliothéque Nationale, 169B

C

Canal Saint Martin, 262
Cardo, siehe Rue Saint Jacques
Carnavalet, Palast, 33
Carrefour Buci, 260
Carrefour de la Communication, 130B
Carrousel, 49, 60B, 77B, 266B

Castel Béranger, 58
Centre du Commerce International (Bagnolet), 68
Centre du Commerce International (Plaine Saint Denis), 68
Champeaux, Les, 25
Champs Elysées, 18B, 50, 54, 56, 58, 60, 60B, 65, 65B, 74, 77, 155, 241, 244, 245B, 259, 260, 262, 262B
Chausée D'Antin, 155, 166B
Cité de la Science, 79, 141B
Cité des Plantes, 66
Clichy, 159
Clignancourt, 153, 200B
Closerie des Lilas, 159
Cœur Couronné, Pension, 36
Collège de France, 33
Comité Colbert, 241
Conciergerie, 74, 86B, 156B, 259
Contrescarpe, 39
Coste, Café, 262
Coupole, Bierkneipe, 213, 218B
Crazy Horse, 262
Crillon, Hotel, 244, 245

D

Decumanus, siehe Saint Martin, Rue
Deux Magots, Café, 66, 153B, 154, 260
Dôme, Restaurant, 213
Invalidendom, 10c, 40c, 101c, 117c, 259c, 278c

E

Echaudettes, 58
Ecole Militaire, 46, 46B, 272B, 278B
Eiffelturm, 10B, 18B, 56B, 58, 65B, 68, 79, 115B, 123B, 154, 154B, 183B, 211, 244, 259, 259B, 272B, 278B
Étoile, 73B, 74, 259
Europe, Stadtviertel, 50

F

Faubourg Poissonnière, 49
Faubourg Saint–Antoine, 40
Faubourg Saint–Honoré, 39, 40, 244
Finanzministerium, 79
Flore, Café, 66, 154, 260
Folies Bergère, Théatre des, 18B, 63B, 262B
Fontainebleau, 245
Forum des Halles, 132B
Front de la Seine, 66, 74, 79

G

Galerie de la Paix, 245
Galeries Lafayette, 73, 153B, 116B
Gare d'Orsay, 68, 117B
Géode, La, 79, 141B
Goldenes Dreieck, 244
Grand Boulevard, 260
Grand Café, 58
Grand Expo, 56
Grand Louvre, 77B
Grand Marché, 25
Grand Palais, 56, 121B, 155
Grand Véfour, 212, 212B
Grande Arche, 68, 129B, 130B
Grande Bibliothèque, 68, 79
Grande Halle à Viande, 79

H

Hôpital Général, 44
Hôpital Saint–Louis, 36
Hôtel de Ville, 9B, 33, 36, 44B, 56, 65B, 78, 99B, 266B
Hôtel des Invalides, 40B, 101B, 278B
Hôtel des Tournelles, 30, 33
Hôtel Dieu, 26, 26B

I

Île aux Vaches, 36
Île de la Cité, 18, 20, 23, 25, 26, 36, 50, 74, 83B, 153B, 156B, 178B, 187B, 262B, 266B
Île des Cygnes, 79, 158
Île Notre Dame, 36
Île Saint Louis, 36, 36B, 233B
Ilot Seguin, 58
Institut du Monde Arabe, 141B
Issy–les–Moulineaux, 68
Italie, Stadtviertel, 66

J

Jardin des Plantes, 40, 56
Jeu de Paume, 39
Kapelle der Sorbonne, 169B
Komitee für Volksgesundheit, 153

L

La Défense, 66, 74, 78B, 79, 129B, 132B
La Rouche, Vereinigung für Künstler, 158B
La Samartaine, 54
La Villette, 58, 79, 141B
Lachaise, Père, 54, 158

Lapérouse, 213
Latina Bar Club, 262
Les Halles, Markt, 25, 66, 68B, 132B, 211
Les Halles, Stadtviertel, 36, 260
Les Innocentes, Friedhof, 34
Les Poulbots, 39
Les Trois Quartiers, 54
Les Tuileries, 33, 46, 49, 49B, 56, 58, 77, 158B, 159, 244
Lido, 259, 259B, 262, 262B
Lipp, Brasserie, 154, 212B, 213, 260
Louvre, 18B, 25, 25B, 30, 33, 33B, 40, 40B, 44B, 49, 50, 50B, 54B, 73B, 77, 132B, 154, 158, 169B, 177B, 211, 244, 245, 259, 266B
Lutezia, 18, 73, 232B, 245
Luxembourg, Jardin du, 77, 101B, 158
Luxembourg, Palast, 101B

M

Mairie, Café de la, 154
Maison de la Radio, 66
Marais, 74, 77, 211B, 232B
Marché Belgrand, 211
Marché de la Mouffe, 211
Marché des Batignolles, 211
Marché Montorgueil, 211
Marché Saint Charles, 211
Marché Serpette, 200
Marsfeld, 18B, 46, 46B, 54B, 123B, 272B, 278B
Melun, 25
Ménilmontant, 262
Meurice, Hotel, 244, 245
Monceau, Park, 54, 262
Mons Martyrium, 232B
Mont de Piété, 46, 54
Montmartre, 9B, 39, 58, 73, 115B, 153B, 156, 156B, 158B, 159, 194B, 230B, 232B, 278B
Montmartre, Museum, 224
Montparnasse, 58, 66, 78
Montparnasse, Turm, 74, 78, 78B, 259
Montreuil, 58, 153, 200B
Montsouris, Park, 54
Moulin de la Galette, 158B
Moulin Rouge, 9B, 58, 58B, 262B, 278B, 293B
Museum Rodin, 117B

N

Nanterre, 20, 68
Nanterre, Universität, 66
Napoleon Bonaparte, Grab von, 65B
Napoleon, Cour (Louvre), 78B, 266B
Nationalmuseum für Moderne
    Kunst, 141B
Notre Dame de Paris, 20, 25, 25B,
    26, 26B, 30, 34, 49, 54, 65B, 73,
    73B, 78B, 153, 153B, 155, 241, 244,
    259, 262B, 266B

O

Obelisk, Place de la Concorde, 79
Obelisk Ramses' II., 259B
Observatoire des Invalides, 73, 74
Odéon, Théâtre de l', 46
Omnisport, Palais, 79
Opéra Bastille, 68, 78
Opéra Garnier, 50B, 54, 73B, 109B,
    169B, 259B, 278B
Orléans, 20, 20B, 30, 30B
Orly, Flughafen, 211

P

Palais de Chaillot, 63, 123B, 259B
Palais de Justice, 73B
Palais de Rambouillet, 43
Palais de Tokyo, 63
Palais des Congrès, 66
Palais du Marais, 43
Panthéon, 46, 46B, 58, 73, 244
Passage der Panoramas, 50
Passage Kairo, 50, 159
Passerelle des Arts, 159, 259
Passy, 158
Petit Palais, 56
Petit Pont, 20
Place Blanche, 262
Place Clichy, 58
Place d'Italie, 74, 159
Place Dauphine, 36, 159
Place de Fürstenberg, 159
Place de Grève, 34, 36B, 44B, 46, 49
Place de l'Étoile, 50
Place de l'Hôtel de Ville, 25
Place de l'Invisibilité, 77
Place de la Concorde, 46, 49, 49B,
    68, 74, 79, 158, 244, 259, 259B
Place des Invalides, 40
Place des Victoires, 40, 40B
Place des Vosges, 36, 39B, 74, 74B,
    77, 154, 154B

Place du Tertre, 156, 194B, 262
Place du Vert–Galant, 158B
Place Ludwig XIV., siehe Place
    Vendôme
Place Pigalle, 260, 262
Place Royale, 36, 39B, 74
Place Saint Sulpice, 154
Place Vendôme, 40, 50B, 74, 104B,
    159, 241, 244, 245
Plaine Saint Denis, 68
Plaza Athénée, Restaurant, 224
Poissy, 26
Pompidou, Centre, (siehe auch
    Beaubourg, Centre) 9B, 68B, 78,
    78B, 136B, 141B
Pont Alexandre III., 117B, 183B, 259
Pont aux Changes, 25
Pont Bir Hakeim, 110B, 154B,
    178B
Pont d'Austerlitz, 50
Pont de Iéna, Brücke, 50, 123B
Pont de la Concorde, 78
Pont des Arts, 10B
Pont du Carrousel, 158B
Pont Marie, 36B, 39, 43
Pont Mirabeau, 155
Pont Neuf, 33B, 36, 39, 44B, 153B,
    154, 178B, 259
Pont Saint Louis 50
Pont Saint Michel, 154
Port de Grenelle, 79
Port de Grève, 25
Port de Javel, 79
Porte de Clignancourt, 200
Porte de Montreuil, 200
Porte de Vanves, 200
Porte Maillot, 66
Printemps, Kaufhaus, 54
Procope, Café, 43, 212, 212B
Pyramide, La (Louvre), 68, 73B, 78B,
    79, 259B, 266B

Q

Quadrille, 46
Quai aux Fleurs, 154
Quai d'Orsay, Museum, 68
Quai Saint Michel, 156B, 187B
Quartier Latin, 25, 66, 158
Quinze–Vingts, 26

R

Rhumerie Martiniquaise, 154
Richelieu, Grab von, 169B
Ritz, Hotel, 241, 244, 245
Rive Droite, 25, 26, 29B, 39B, 74,
    123B, 153B, 155, 259B,
Rive Gauche, 25, 26, 123B, 153B,
    218B
Rose Rouge, Jazz–Zirkel, 66
Royal Monceau, Hotel, 244, 245
Rue de la Boucherie, 187d
Rue de la Paix, 241
Rue de Lappe, 262
Rue de Montmorency, 73
Rue de Rennes, 155
Rue de Rivoli, 50, 54
Rue Jacob, 200
Rue Lafayette, 155, 166B
Rue Lafontaine, 58
Rue Lepic, 158B
Rue Max Dormoy, 187B
Rue Montaigne, 241, 245B
Rue Mouffetard, 211B
Rue Pigalle, 156
Rue Raynouard, 260
Rue Saint Antoine, 44B
Rue Saint Benoît, 260
Rue Saint Jacques, 18
Rue Saint Louis-en-l'Île, 159
Rue Saint Martin, 18
Rue Saint Michel, 194B
Rue Saint Paul, 77
Rue Saulinier, 63B
Rue Volta, 73, 153
Rungis, 25, 66, 68B, 211

S

Sacré Coeur, 115B, 156, 156B, 59B
Saint Blaise, Stadtviertel, 158
Saint Cloud, 34
Saint Denis, Kirche und Abtei, 20, 23
Saint Denis, Triumphbogen, 33
Saint Etienne, Kirche, 20, 25
Saint Georges, Stadtviertel, 50
Saint Germain des Près, Kirche, 20
Saint Germain des Près, Stadtviertel,
    25, 66, 153B, 154, 156, 260, 232B
Saint Germain en Laye, Stadtviertel, 40
Saint Germain l'Auxerrois,
    Stadtviertel, 25
Saint Jacques, Turm, 74
Saint Jean de Luz, Stadtviertel, 43
Saint Lazarie, Leprastation, 26

Saint Martin des Champs,
    Stadtviertel, 25
Saint Martin, Triumphbogen, 33
Saint Meri, Kirche, 50
Saint Ouen, Markt, 200, 202
Saint Ouen, Stadtviertel, 153, 203
Saint Paul, Kirche, 25, 74
Saint Paul, Stadtviertel, 154
Sainte Chapelle, 26, 86B
Sainte Geneviève, Kirche, siehe
    Panthéon
Sainte Geneviève, Stadtviertel, 25, 58
Saints Innocents, Kirche, 25
Seine, 18, 23, 25, 26, 29B, 33B, 54,
    68, 73, 77, 79, 123B, 153–156,
    154B, 212B, 213, 259, 260, 266B
Sentier, 66
Soisson, 18, 20, 20B
Sorbonne, Universität, 23, 25, 30, 34,
    66
Spanish Hardem Club, 262
Strawinskybrunnen, 73d

T

Tabou, Jazz–Zirkel, 66
Thermen von Cluny, 73
Tour d'Argent, Restaurant, 212B, 213
Triumphbogen der Porte Saint
    Antoine, 33
Trocadéro, 65B, 259
Trocadéro, Jardins du, 73B, 123B, 259B
Tuileries, Palais des, 33, 46, 49, 49B,
    56, 77, 77B
Tuileries, Parc des, 77, 77B, 158, 159,
    244
Turm des Grand Pont, 23B
Turm Saint Jacques, 259

U

Ursulinenkloster, 39

V

Val de Grâce, 39
Vanves, 153, 200B
Varennes, 49
Vélodrome d'Hiver, 65
Vereinte Nationen, 245
Versailles, 40, 40B, 44, 46, 56, 56B
Viadukt Passy, 110B

W

Weltausstellung, 18B, 54, 54B, 56–59,
    56B, 58B, 121B, 123B

| **297**

FOTONACHWEISE

Seite 1 L. Bourbon/Archivio White Star

Seiten 2–3 D. Barnes/Agefotostock/ Contrasto

Seiten 4–5 Bettmann/Corbis/Contrasto

Seiten 6–7 Setboun/Corbis/Contrasto

Seite 7 links L. Bourbon/Archivio White Star

Seite 7 rechts G. Veggi/Archivio White Star

Seite 9 Swim Ink/Corbis/Contrasto

Seiten 10–11 M. Bertinetti/Archivio White Star

Seiten 12–13 Hahn/laif/Contrasto

Seiten 14–15 B. Decout/REA/Contrasto

Seite 16 oben rechts und 40 unten Erich Lessing/Contrasto

Seite 16 oben links und 50 links Erich Lessing/Contrasto

Seite 16 unten links und 59 unten rechts The Bridgeman Art Library/ Achivio Alinari

Seite 16 unten rechts und 64 oben Rue des Archives

Seite 17 Roger Viollet/Archivio Alinari

Seite 18 Roger Viollet/Archivio Alinari

Seite 19 oben G. Dagli Orti

Seite 19 unten Erich Lessing/Contrasto

Seite 20 The Bridgeman Art Library/ Achivio Alinari

Seite 21 oben The Bridgeman Art Library/Achivio Alinari

Seite 21 unten AISA

Seiten 22–23 Roger Viollet/Archivio Alinari

Seite 23 The Bridgeman Art Library/ Achivio Alinari

Seite 24 oben und unten Roger Viollet/Archivio Alinari

Seite 25 The Bridgeman Art Library/ Achivio Alinari

Seite 26 links und 26 rechts M. Listri/ Corbis/Contrasto

Seite 27 G. Dagli Orti

Seiten 28–29 AISA

Seite 29 links The Bridgeman Art Library/Achivio Alinari

Seite 29 rechts Roger Viollet/Archivio Alinari

Seite 30 links AISA

Seite 30 rechts G. Dagli Orti

Seite 30 unten AISA

Seite 31 AISA

Seiten 32–33 Archivio Iconografico, S.A./ Corbis/Contrasto

Seite 33 links G. Dagli Orti

Seite 33 rechts AISA

Seite 34 oben G. Dagli Orti/Corbis/ Contrasto

Seite 34 unten G. Dagli Orti

Seite 35 Erich Lessing/Contrasto

Seite 36 oben Bettmann/Corbis/ Contrasto

Seite 36 unten Rue des Archives

Seite 37 G. Dagli Orti/Corbis/ Contrasto

Seiten 38–39 The Bridgeman Art Library/Achivio Alinari

Seite 39 AISA

Seite 40 oben Erich Lessing/Contrasto

Seite 41 oben Erich Lessing/Contrasto

Seite 41 unten G. Blot/RMN

Seiten 42–43 Erich Lessing/Contrasto

Seite 43 links und rechts Erich Lessing/Contrasto

Seite 44 oben links G. Dagli Orti

Seite 44 oben rechts Roger Viollet/ Archivio Alinari

Seite 44 unten Roger Viollet/Archivio Alinari

Seite 45 oben AISA

Seite 45 unten Erich Lessing/Contrasto

Seite 46 The Bridgeman Art Library/ Achivio Alinari

Seite 47 oben Erich Lessing/Contrasto

Seite 47 unten The Bridgeman Art Library/Achivio Alinari

Seite 48 AISA

Seite 48 links und rechts Erich Lessing/Contrasto

Seite 50 rechts G. Dagli Orti

Seite 51 oben und unten Erich Lessing/Contrasto

Seiten 52–53 AISA

Seite 53 oben links, rechts und unten Erich Lessing/Contrasto

Seite 54 links The Bridgeman Art Library/Achivio Alinari

Seite 54 rechts AISA

Seiten 54–55 The Bridgeman Art Library/ Achivio Alinari

Seite 56 links The Bridgeman Art Library/Achivio Alinari

Seite 56 rechts Roger Viollet/Archivio Alinari

Seite 57 Roger Viollet/ Archivio Alinari

Seite 58 G. Dagli Orti

Seite 59 oben AISA

Seite 59 unten links Historical Picture Archive/Corbis/Contrasto

Seite 60 oben links Roger Viollet/ Archivio Alinari

Seite 60 oben rechts Photos 12

Seite 60 unten Roger Viollet/ Archivio Alinari

Seite 61 oben Hulton Archive/ Laura Ronchi

Seite 61 unten Photos 12

Seiten 62–63 Hulton-Deutsch Collection/Corbis/Contrasto

Seite 63 oben links Bettmann/ Corbis/Contrasto

Seite 63 oben Mitte Photos 12

Seite 63 oben rechts Photos 12

Seite 63 unten Hulton Archive/Laura Ronchi

Seite 64 oben Rue des Archives

Seite 64 unten Roger Viollet/Archivio Alinari

Seite 65 oben links Rue des Archives

Seite 65 oben rechts R. Capa R/ Magnum Photos/Contrasto

Seite 65 unten R. Capa R/ Magnum Photos/Contrasto

Seite 66 Photos 12

Seite 67 oben und unten Rue des Archives

Seite 68 links und rechts Roger Viollet/Archivio Alinari

Seiten 68–69 Rue des Archives

Seiten 70 oben links und 108–109 Y. Arthus-Bertrand/Corbis/Contrasto

Seiten 70 oben rechts und 95 M. McQueen/Corbis/Contrasto

Seite 70 unten links und 122–123 Andrea Pistolesi

Seiten 70 unten rechts und 143 O. Cirendini/Lonely Planet Images

Seite 71 M. Bertinetti/Archivio White Star

Seite 72 Y. Arthus-Bertrand/Corbis/ Contrasto

Seite 73 links M. Bertinetti/Archivio White Star

Seite 73 rechts L. Bourbon/Archivio White Star

Seite 75 P. Durand/Corbis/Contrasto

Seite 76 oben Y. Arthus-Bertrand/ Corbis/Contrasto

Seite 76 unten A. Woolfitt/Corbis/ Contrasto

Seite 78 links L. Bourbon/Archivio White Star

Seite 78 rechts C. Aurness/Corbis/ Contrasto

Seite 79 links, Mitte und rechts L. Bourbon/Archivio White Star

Seiten 80–81 Y. Arthus-Bertrand/Corbis/ Contrasto

Seiten 82–83 Y. Arthus-Bertrand/Corbis/ Contrasto

Seite 83 P. Aventurier/Gamma/Contrasto

Seite 84 Marka

Seite 85 P. Renault/Hemispheres Images

Seiten 86–87 D. Bordes/C.N.M.H.S/ Corbis Sygma/Contrasto

Seiten 88–89 Alamy Images

Seiten 90–91 Guido Cozzi/Atlantide

Seiten 92–93 K. Weatherly/Corbis/ Contrasto

Seite 94 G. Pinkhassow/Magnum Photos/Contrasto

Seiten 96–97 Hahn/laif/Coantrasto

Seiten 98–99 Y. Arthus-Bertrand/ Corbis/Contrasto

Seite 99 L. Bourbon/Archivio White Star

Seite 100 Y. Arthus-Bertrand/Corbis/ Contrasto

Seite 101 Y. Arthus-Bertrand/Corbis/ Contrasto

Seiten 102–103 Y. Arthus-Bertrand/ Corbis/Contrasto

Seite 104 Y. Arthus-Bertrand/Corbis/ Contrasto

Seite 105 L. Bourbon/Archivio White Star

Seiten 106–107 B. Reiger/Hemispheres Images

Seiten 110–111 A. Thevenart/Corbis/ Contrasto

Seiten 112–113 P. Escudero/Hoa Qui

Seite 114 Y. Arthus-Bertrand/Corbis/ Contrasto

Seite 115 links L. Bourbon/Archivio White Star

Seite 115 rechts L. Bourbon/Archivio White Star

Seiten 116–117 G. Veggi/Archivio White Star

Seite 117 B. Pesle/Anzenberger/Contrasto

Seite 118 Macduff Everton/Corbis/ Contrasto

Seite 119 Guido Cozzi/ Atlantide

Seite 120 Y. Arthus-Bertrand/Corbis/ Contrasto

Seite 121 Y. Arthus-Bertrand/Corbis/ Contrasto

Seite 124 C. Aurness/Corbis/Contrasto

Seite 125 Marka

Seiten 126–127 Y. Arthus-Bertrand/ Corbis/Contrasto

Seiten 128–129 Y. Arthus-Bertrand/ Corbis/Contrasto

Seite 129 L. Bourbon/Archivio White Star

Seiten 130–131 L. Bourbon/Archivio White Star

Seite 132 D. Stock/Magnum Photos/ Contrasto

Seiten 132–133 Alamy Images

Seiten 134–135 B. Pesle/Anzenberger/ Contrasto

Seiten 136–137 Y. Arthus–Bertrand/ Corbis/Contrasto

Seiten 138–139 Celentano/laif/Contrasto

Seiten 140–141 G. Pinkhassow/Magnum Photos/Contrasto

Seite 142 S. Safra/Hemispheres Images

Seite 144 PG/Magnum Photos/Contrasto

Seite 145 PG/Magnum Photos/Contrasto

Seiten 146–147 H. Krinitz/ Hemispheres Images

Seiten 148–149 D. Stock/Magnum Photos/Contrasto
Seiten 150 oben links und 206–207 L. Bourbon/Archivio White Star
Seite 150 oben rechts L. Bourbon/Archivio White Star
Seiten 150 unten links und 194 rechts L. Maisant/Corbis/Contrasto
Seiten 150 unten rechts und 166–167 L. Bourbon/Archivio White Star
Seite 151 M. Bertinetti/Archivio White Star
Seite 152 R. Hamilton Smith/Corbis/Contrasto
Seite 153 links G.Veggi/Archivio White Star
Seite 153 rechts R. Holmes/Corbis/Contrasto
Seite 154 links R. Hamilton Smith/Corbis/Contrasto
Seite 154 rechts G.Veggi/Archivio White Star
Seiten 155 links, Mitte und rechts L. Bourbon/Archivio White Star
Seite 157 oben L. Bourbon/Archivio White Star
Seite 157 unten M. Bertinetti/Archivio White Star
Seite 158 links, Mitte und rechts L. Bourbon/Archivio White Star
Seite 159 links und rechts L. Bourbon/Archivio White Star
Seite 159 Mitte G.Veggi/Archivio White Star
Seiten 160–161 L. Bourbon/Archivio White Star
Seite 162 L. Bourbon/Archivio White Star
Seiten 162–163 L. Bourbon/Archivio White Star
Seite 164 Alamy Images
Seiten 164–165 B. Reiger/Hemispheres Images
Seite 166 S. Frances/Hemispheres Images
Seiten 168–169 Adenis/GRAFF/laif/Contrasto
Seite 169 B. Annebique/Corbis Sygma/Contrasto
Seite 170 G. Pinkhassov/Magnum Photos/Contrasto
Seite 171 G. Pinkhassov/Magnum Photos/Contrasto
Seite 172 L. Bourbon/Archivio White Star
Seite 173 L. Bourbon/Archivio White Star
Seite 174 J. Martin/AKG Images
Seite 175 L. Bourbon/Archivio White Star
Seite 176 B. Ross/Corbis/Contrasto
Seite 177 F. Grehan/Corbis/Contrasto
Seite 178 L. Bourbon/Archivio White Star

Seiten 178–179 L. Bourbon/Archivio White Star
Seiten 180–181 P. Escudero/Hoa Qui
Seiten 182–183 Setboun/Corbis/Contrasto
Seiten 184–185 Alamy Images
Seiten 186–187 D. Bartruff/Corbis/Contrasto
Seiten 188–189 L. Bourbon/Archivio White Star
Seite 190 L. Bourbon/Archivio White Star
Seite 191 L. Bourbon/Archivio White Star
Seiten 192–193 T. Dworzak/Magnum Photos/Contrasto
Seite 194 links L. Bourbon/Archivio White Star
Seite 195 Y. Arthus-Bertrand/Corbis/Contrasto
Seite 196 H.Gruyaert/Magnum Photos/Contrasto
Seite 197 Marka
Seite 198 M. Bertinetti/Archivio White Star
Seiten 198–199 Alamy Images
Seite 200 J. Du Sordet/ANA
Seite 201 M. Bertinetti/Archivio White Star
Seite 202 links C. Osborne/Lonely Planet Images
Seite 202 rechts B. Perousse/Agefotostock/Marka
Seite 203 links Hahn/laif/Contrasto
Seite 203 rechts Hahn/laif/Contrasto
Seiten 204–205 R. Holmes/Corbis/Contrasto
Seiten 208 oben links und 248–249 L. Bourbon/Archivio White Star
Seiten 208 oben rechts und 232–233 H. Krinitz/Hemispheres Images
Seiten 208 unten links und 214–215 R. Holmes/Corbis/Contrasto
Seiten 208 unten rechts und 238–239 L. Bourbon/Archivio White Star
Seite 209 T. Orban/Corbis/Contrasto
Seite 210 oben O. Franken/ Corbis/Contrasto
Seite 210 unten O. Franken/Corbis/Contrasto
Seite 211 links O. Franken/Corbis/Contrasto
Seite 211 rechts L. Bourbon/Archivio White Star
Seite 212 links D. G. Houser/Corbis/Contrasto
Seite 212 Mitte B. Barbey/Magnum Photos/Contrasto
Seite 212 rechts O. Franken/Corbis/Contrasto
Seite 213 links O. Franken/Corbis/Contrasto

Seite 213 rechts Zoko Productions/Corbis Sygma/Contrasto
Seite 216 P. Schwartz/Corbis/Contrasto
Seiten 216–217 P. Schwartz/Corbis/Contrasto
Seite 217 P. Schwartz/Corbis/Contrasto
Seite 218 A. Benainous/Corbis/Contrasto
Seiten 218–219 J. Du Sordet/ANA
Seiten 220–221 Alamy Images
Seiten 222–223 Setboun/Corbis/Contrasto
Seiten 223 Setboun/Corbis/Contrasto
Seite 224 Marka
Seite 225 G. Pinkhassow/Magnum Photos/Contrasto
Seiten 226–227 O. Franken/Corbis/Contrasto
Seiten 228–229 L. Bourbon/Archivio White Star
Seite 230 links O. Franken/Corbis/Contrasto
Seite 230 rechts J. Gaumy/Magnum Photos/Contrasto
Seite 231 B. Zaunders/Corbis/Contrasto
Seite 232 L. Bourbon/Archivio White Star
Seite 233 G.Veggi/Archivio White Star
Seiten 234–235 SuperStock/Agefotostock/Marka
Seite 236 Alamy Images
Seite 237 R. Holmes/Corbis/Contrasto
Seite 239 M. Garanger/Corbis/Contrasto
Seite 240 J. Donoso/Corbis Sygma/Contrasto
Seite 241 links Picture Finders/Agefotostock/Marka
Seite 241 rechts L. Bourbon/Archivio White Star
Seite 243 oben L. Bourbon/Archivio White Star
Seite 243 unten links Tanguy Loyzance/Corbis/Contrasto
Seite 243 unten Mitte L. Bourbon/Archivio White Star
Seite 243 unten rechts L. Bourbon/Archivio White Star
Seite 244 links Ludovic/Rea/Contrasto
Seite 244 Mitte Ludovic/Rea/Contrasto
Seite 244 rechts T. Craig/Rea/Contrasto
Seite 246 P. Turnley/Corbis/Contrasto
Seite 247 links T. A.Gipstein/Corbis/Contrasto
Seite 247 rechts K. Houghton/Corbis/Contrasto
Seiten 250–251 F. Scianna/Magnum Photos/Contrasto
Seite 251 Tanguy Loyzance/Corbis/Contrasto

Seiten 252–253 A. Duclos/Magnum Photos/Contrasto
Seite 253 T. Orban/Corbis Sygma/Contrasto
Seiten 254–255 S. Cardinale/People Avenue/Corbis/Contrasto
Seiten 256 oben links und 276 B. Pesle/Anzenberger/Contrasto
Seite 256 oben rechts und 291 A. Benainous/Gamma/Contrasto
Seite 256 unten links und 280–281 PG/Magnum Photos/Contrasto
Seite 256 unten rechts Alamy Images
Seite 257 Setboun/Corbis/Contrasto
Seite 258 R. Matheson/Corbis/Contrasto
Seite 259 oben links, rechts und unten L. Bourbon/Archivio White Star
Seite 260 F. Scianna/Magnum Photos/Contrasto
Seiten 260–261 Photowood Inc./Corbis/Contrasto
Seite 262 links L. Bourbon/Archivio White Star
Seite 262 rechts P. Ward/Corbis/Contrasto
Seite 263 G. Jioux/Hemispheres Images
Seiten 264–265 Alamy Images
Seiten 266–267 C. O'Rear/Corbis/Contrasto
Seiten 268–269 T. Anzenberger/Anzenberger/Contrasto
Seiten 270–271 R. Holmes/Corbis/Contrasto
Seiten 272–273 H. Krinitz/Hemispheres Images
Seiten 274–275 M. Bertinetti/Archivio White Star
Seite 277 C. Lovell/Corbis/Contrasto
Seite 278 Y. Arthus–Bertrand/Corbis/Contrasto
Seiten 278–279 H. Krinitz/ Hemispheres Images
Seite 280 G. Pinkhassow/Magnum Photos/Contrasto
Seiten 282–283 G.Veggi/Archivio White Star
Seiten 284–285 Toni Anzenberger/Anzenberger/Contrasto
Seiten 286–287 J. Hicks/Corbis/Contrasto
Seite 288 Kord.com/Agefotostock/Contrasto
Seite 289 S. Safra/ Hemispheres Images
Seite 290 A. Benainous/Gamma/Contrasto
Seite 292 E. Travers/Gamma/Contrasto
Seite 293 E. Travers/Gamma/Contrasto
Seiten 294–295 Alamy Images
Seite 300 O. Baumgartner/Corbis Sygma/Contrasto

300 Eine Kopie der Freiheitsstatue, welche die Welt erhellt, steht auf der Ile des Cygnes in der Seine. Sie ist nach Westen – gen Amerika – ausgerichtet, als Spiegelbild der "großen Schwester", die über die Hafeneinfahrt von New York wacht. Die Statue war ein Geschenk der Vereinigten Staaten an Frankreich anlässlich der Weltausstellung 1889, drei Jahre nach dem Geschenk des Originals. Ursprünglich blickte das Standbild nach Osten auf den Elyséepalast.